THE SIMPLEST SALES METHOD

世界一シンプルな
モノの

売り方

青木毅
AOKI TAKESHI

きずな出版

まえがき

売れる人はこのシンプルなルールに従っている

私はこれまで10年にわたって、「質問」という手法を用いた売り方を、書籍やポッドキャスト、講演・研修などで人々に伝えてきました。

これはお客様に適切な質問を投げかけ、お客様自身の胸中に「ほしい！」という気持ちを芽生えさせて、自発的に買ってもらう手法です。

おかげさまで著書は13冊にのぼり、ポッドキャストの視聴者数は1万人超、講演研修を受けた人は3万人を超えています。

ただ、正直なことを申し上げると、**「質問」を駆使《くし》した売り方は、私が本当に世のセールスパーソンにお伝えしたいことではありません。**お客様に質問するのは、じつは真の目的を達成するための手段の1つでしかないのです。

どんな商品・サービスを扱っていたとしても、それをうまくお客様に売ることができる人は、もっと根本的な、とても**シンプルなルール**に従っています。

では、そのシンプルなルールとは何か？

それは、**セールスパーソンが「ゾーン」に入ること**なのです。売上を伸ばすには、これを意識し、行動することが、ただ1つ必要なことです。

本書を読んでいる皆さんの中にも、「ゾーン」という言葉を聞いたことがある人もいるのではないでしょうか。これは超一流のアスリートなどが経験するといわれるもので、集中力が究極的に高まった状態です。

ゾーン状態に入ると、スポーツ選手はボールの動きや、相手の動きがスローモーションのように感じられるといいます。「無我の境地」「フロー体験」とも呼ばれます。

では、セールスパーソンがゾーンに入ると、どのような感覚を抱くのでしょうか。

セールスパーソンがゾーンに入ると、「売ろう」という気持ちが一切なくなります。

これはおかしな話に感じるでしょう。モノやサービスを売るのがセールスパーソンの存在意義なのに、その気持ちをなくしてしまうのですから。

ゾーン状態に入ったセールスパーソンは、**「お客様のお役に立ちたい」**という純粋な気持ちにのみ突き動かされます。これこそ、シンプルなモノの売り方の正体です。

「質問」はゾーンに入る手段

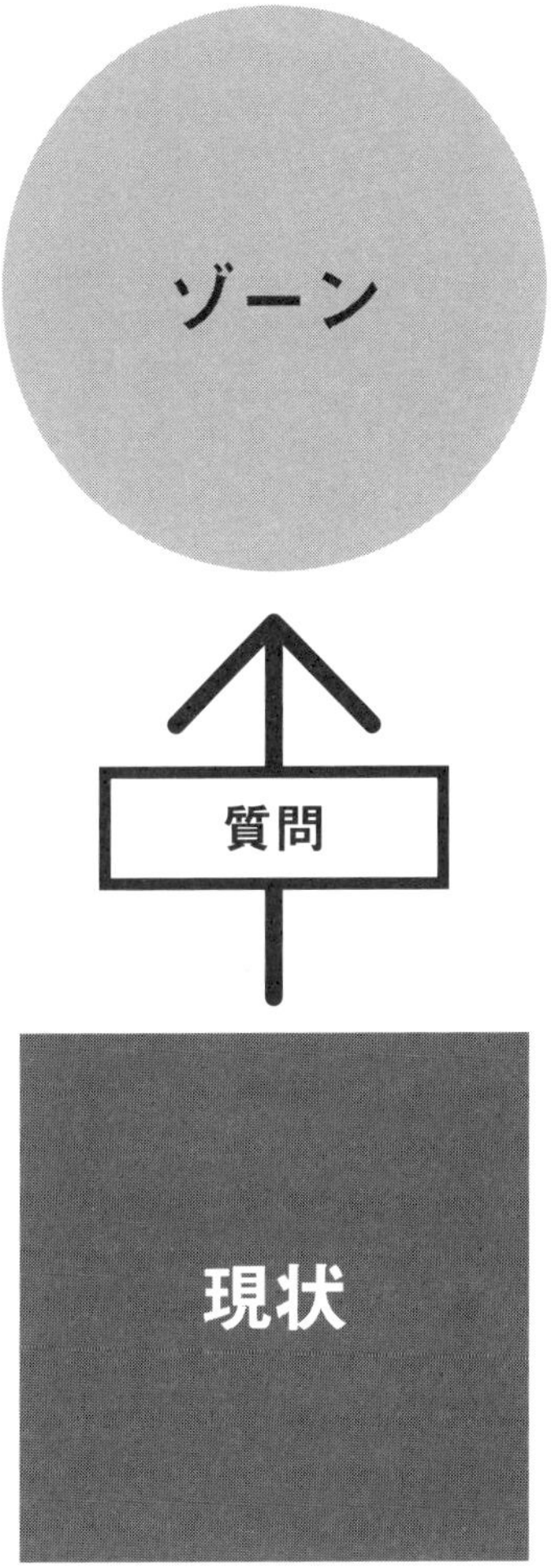

その心境に達すると、「この人は買ってくれそうだな」とか「この人に買ってもらえば今月の成績はトップになるな」といった邪念が一切なくなります。

ゾーン状態に入ると、セールスパーソンとお客様が一体化します。

そのお客様が何に困っていて、どう感じているのかが手に取るようにわかります。お客様も、そのセールスパーソンが自分のことを親身になって考えていることが手に取るようにわかるので、信頼します。

このようなゾーン状態の中で「売る行為」を完結させる。この非常にシンプルな原理に従うことが大切なのです。

シンプルな売り方がもたらす3つのメリット

本書で伝える手法を実践すれば、ベテランでも新入社員でもアルバイトでも、「何かを売る」という仕事をしているすべての人が、売上を伸ばすことができます。

いいえ、売上が伸びるどころではありません。本書のメソッドを実践すると、売上が伸びる以外に、次の3つのメリットをあなたは享受できます。

1．働く時間が短くなる

いくら売上が伸びるといっても、朝から晩まで駆けずり回って、家族と一緒に過ごす時間すら取れないとしたら、それはあなたが望むものではありませんよね。

本書の手法でモノを売ると、結果として仕事が効率的になります。たとえ初対面のお客様でも、一度の対話で成約まで結びつけることができるからです。

2．顧客満足度が上がる

本書の手法を実践すると、売れば売るほどお客様から感謝されるようになります。お客様があなたから購入した商品・サービスを有効活用してくれますし、他のお客様を紹介してくれるようになったりもします。

3．「モノを売る」ことが楽しくなる

お客様との関係が良好になるため、モノを売ることそのものが楽しくなります。また、ゾーンに入った状態でのコミュニケーションを日常的に使うようになるので、職場での人間関係や家族との関係性も改善するでしょう。

シンプルな原理を知れば売り方は180度変わる

本書は8つの章で構成されています。

第一章、第二章、第三章は、実際にお客様にモノを売る前の準備です。

第一章で本書が目指す目的地を説明し、第二章で基本的なコミュニケーションの原則をお伝えします。そして第三章では、営業以外の日常生活で小さなゾーン状態を体験する方法を伝授します。

第四~七章では、実際にモノを売るシーンでの手法をお伝えします。

第四章と第五章は、お客様に会う直前の段階です。自社の商品を調べ、自分の意識を意図的に変えることで、初対面のお客様が相手でもすぐにゾーン状態に入れます。

第六章と第七章は、お客様に会ってからの手法です。

これまで私が他の本でも伝えてきた、「質問」を駆使した話し方はこの部分になります。

モノを売るシーンで用いる質問は、目的に応じて2つに分けられます。

第六章で説明する**「自分がお客様に共感するための質問」**。

第七章で説明する**「お客様の課題や欲求を知るための質問」**。

第一章から順番に読み進めることで、「なぜ、この場面でこのような質問をするべきなのか」ということを納得した上で実践できるはずです。

最後の第八章は、ゾーン状態を駆使したコミュニケーションがあなたにもたらす副次的な効果について説明します。「モノを売る」という仕事をより有意義に捉え、楽しく働くための考え方を伝授します。

この本は、今までのあなたの「モノの売り方」を180度変える革命的な1冊であると確信を持っています。

本書でご紹介するシンプルなルールに従い、ゾーン状態を体験して、「売る」という仕事にこの上ない喜びを感じてもらえれば、うれしく思います。

本書の構成

ゾーンに入る準備

- 第一章　世界一シンプルな売り方の秘訣「ゾーン」とは何か？
- 第二章　モノを売る時のコミュニケーションの基本
- 第三章　日常でミニゾーンを体験する

ゾーンの入り方

- 第四章　STEP1　自社の商品・サービスを調べる
- 第五章　STEP2　「ポジティブなものの見方」を作る
- 第六章　STEP3　お客様の話を促し、共感する
- 第七章　STEP4　お客様の欲求・課題を聞き出す

ゾーンの副次効果

- 第八章　シンプルな売り方は人生すら変えていく

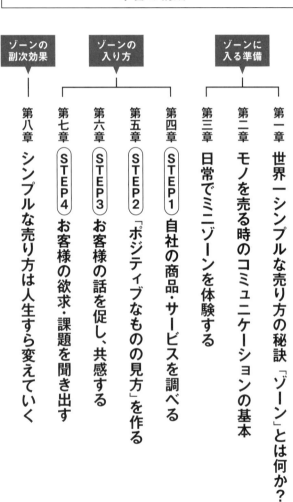

Contents

Contents

第四章

STEP1 自社の商品・サービスを調べる

第五章 STEP2 「ポジティブなものの見方」を作る

第六章 STEP3 お客様の話を促し、共感する

第七章 STEP4 お客様の欲求・課題を聞き出す

Contents

第八章 シンプルな売り方は人生すら変えていく

第一章

世界一シンプルな売り方の秘訣「ゾーン」とは何か？

私が最初に経験した「ゾーン」

「社長、いいものがあるんですけど、やりませんか？」

私は、静かに落ち着いて言いました。

沸き上がった感情をそのまま言葉に乗せると、声はその勢いをかって部屋中に響き渡る大声となり、きっと目の前の社長をびっくりさせてしまうと思ったからです。

目の前の社長は言いました。

「……そうだな」

自分を納得させるような、小さなつぶやきでした。

そして、その社長は次の瞬間、私にこう言いました。

「ところで、青木さん、何やるの？」

そうなのです！

私は営業の商談で、名刺交換の時に自社商品について1分も話さず、その後1時間、社長の今までの歴史と現在の状況、今後について聞いていたのでした。

ただ、社長の話を聞いている時、私の体の中から、ある感情が沸き上がってきました。それは**「なんて、いい人なんだ！」**という感情です。

その感情を後押しするように、さらに次の感情が私の中から湧いてもきました。**「この社長のために、私ができることでお役に立ちたい！」**という思いです。

さらに、私が勤めていた会社の提供している商品の分野（当時は社員教育）について社長の話を聞いている間にその言葉は**「私は、きっと、きっと、この社長のお役に立つことができる！」「私は間違いなくこの社長のお役に立つことができる！」**という確信となり、私の感情はますます抑えきれなくなっていきました。

「そうですね。社長、何も話していなかったですね」

私は、自分の強い感情を抑えながら、落ち着いて自分のカバンの中から、商品のカタログを出して机の前に広げ、さらに言いました。

「社長、先ほどからのお話の中での問題ですが、このカタログのこの部分を読んでみてください。ここです！　これで解決します！」

社長はカタログを手に取り、私が指さした部分を黙々と読みました。静かに、むさぼるように読む姿が印象的でした。一通り読んで、社長はゆっくりと顔をあげ、私に向かって確信を得たように大きくゆったりとうなずきました。

私もそのうなずきに返事をするように大きく、ゆっくりとうなずきました。

この瞬間に、私のセールスは完結しました。いわゆる営業らしい話は一切していません。ほとんど無言で行われました。

もちろん、この後に商品の内容と使い方、価格について簡単に説明はしました。当時のこの商品の価格が約１００万円でしたが、その話もわずかでした。商談時間は約2時間。商品の内容についての話は10分ほどでした。

その会社を出る時に、出口まで見送ってくれた社長は私に深々と頭を下げ、「青木さん、これからもよろしくお願いします。今日は本当にありがとう」と言ってくださいました。

「こちらこそ、ありがとうございました。よろしくお願いします」

そう言いながら、私は感動で涙が出てくるのを抑えるのに必死でした。会社を出たその瞬間に、私の目から、まるで堰《せき》を切ったかのように涙があふれ出ました。

私がこれだけ涙を流したのには、２つの理由があります。

１つ目は、この社長が、セールスパーソンの私に、初めての面会にもかかわらず、こんなにも心を開き、信頼して話していただいたことへの感動。

２つ目は、12年間、私が追い求めていた納得のいくモノの売り方がついに発見できたことへの感動だったのです。

「そういうことだったのか！　これが、これこそ私の目指していた売り方なんだ！」

私はなんとも言えない、満ち足りた感覚を持つことができました。私と社長の２人が、まるで、あるボックスに入って、静かに語り合う時間のようだったのです。

それがゾーンでした。

この感覚を味わった私は、売り方がその瞬間から１８０度変わりました。

いいえ、売り方だけではありません。

この非常にシンプルなセールスの原理原則を理解した時、私の人間関係と、人生そのものも大きく変わることになりました。

ゾーンに入った時の心理メカニズム

当時、私はアメリカの教育教材のセールスパーソンをしていました。人のモティベーションや目標設定、時間管理の方法などを教える教材で、おもに経営者やリーダーの方々向けのものです。

じつを言えば、あの経験をする以前も、私はその会社の営業で12年間、トップランキングに入り続けていました。

しかし、私は自分の売り方に自信を持ててはいませんでした。「持ち前の行動量で売れている」ぐらいしか思っていませんでした。「売り方の極意なんていうものがあるなら教えてほしい」と本心では思っていました。

私は先ほど述べたような状態を経験した時、頭をハンマーで殴られたような衝撃を受けました。

今まで行ってきたモノの売り方とまったく違うやり方だったからです。

今までの売り方は、完全に説明中心でした。

「あの感覚はどのようにして起こったのだろうか？」

「もし、あの感覚が事実ならば、同じようなことが再現できるに違いない。きっとできるはずだ！」

と考えたのです。

私は先日の社長との体験を思い出し、分析しました。

そうすると、次のような自分の思考と感情の変化が見えてきたのです。

1. まず、ひたすら社長の人生について話を聞いた。
2. 歴史を聞くうち、社長の生き様に感動し、**「なんて、いい人なんだろう！」**という気持ちが湧いてきた。
3. それが**「何とかこの社長のお役に立ちたい！」**という気持ちになった。
4. 私がお役に立てるのは教育の分野なので、会社の教育についていろいろ聞いてみた。

5. 教育の分野で、**「きっと、お役に立てる！」**という気持ちになった。
6. この気持ちが間違いないかを確かめるため、さらに2、3の質問をした。
7. 質問の答えを聞き、**「絶対にお役に立てる！」**という確信に変わった。
8. さらにもう一度質問すると、**「もう間違いない！　どんなことがあっても、絶対に！　いや、間違いなく！　お役に立てる！」**と私の心の中で信念のようなものが湧き上がった。
9. もう絶対に役立つのだから、自分の商品を説明するのも、もどかしい。
10. 興奮を必死で抑えながら、「社長、いいものがあるんですけど、やりませんか？」という言葉になった。

この中で特に重要なのが、3つ目の**『何とかこの社長のお役に立ちたい！』**です。この感情が生まれた瞬間、私はセールスパーソンという立場を離れ、**「純粋な動機」**というものを持って、ゾーンに入っていたのです。

「そうか！　モノを売るための鍵はこのゾーンなのだ！　ゾーンに入れば、私の気持ちを沸き上がらせることができる。気持ちを沸き上がらせるために必要なのは『ゾーンの状態を作ること』なんだ。ゾーンこそが、モノを売るための鍵なのだ！」

私はさらに分析を重ね、**ゾーンに入るためにはある法則と方法があり、それは誰にでもできることがわかりました。**

事実、私はこの体験を『質問型営業』として普及し、私と同じような体験をする人を数多く作ってきました。

そして、私と同じようにその人たちがこのゾーン営業の習得から、人生までも大きく変えていくところを見てきました。

ゾーンに入った時の心理

なんて、いい人なんだろう!

↓

この人のお役に立ちたい!

↓

この人のお役に立てる!

↓

絶対にお役に立てる!

↓

間違いない! 絶対にお役に立てる!

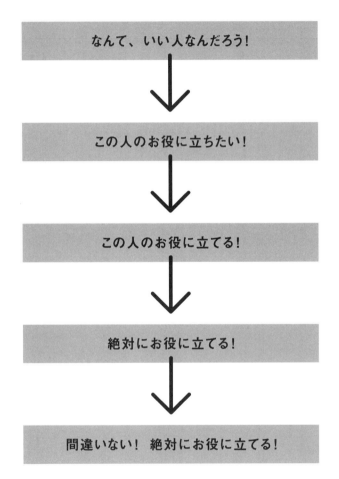

「売りたい」という気持ちがなくなる

分析をしたとはいえ、私はまだ自分の体験したゾーンに再現性があるのか、半信半疑でした。

その頃の私は、まだまだ「お客様のお役に立ちたい！」という気持ちよりも、「自分の売上を伸ばしたい！」という気持ちが優先していたのです。

そのため、「売る」という気持ちを抑えるこの方法が、本当に効果があるのか、自分でもまだ半信半疑でした。しかも、面会のアポイントが取れた経営者の方は、年齢、性別、性格もさまざまです。

「寡黙《かもく》な人もいるだろうし、個人的なことよりもビジネスライクにすぐさま説明を求める人もいるだろう。どれぐらい私のこの売り方が通用するだろうか？」

そんな不安を抱えながら、私はゾーンを意識した手法で仕事に臨みました。

結論だけ述べると、そんな私の心配とは裏腹に、アポイントを取った経営者のほとんどすべてに、この売り方がうまくいったのです。

ある経営者などは、当初、私の訪問を相当嫌がっていました。当初訪問した時には、警戒心からか私に近づこうとせず、立ちっぱなしで遠巻きに私と話をしていたぐらいです。

そんな人でもしばらくすると個室に私を案内し、今まで人に話していないような話を私にしてくれました。涙ながらに自分の人生を語ってくれました。その話を聞いた私も目頭が熱くなり、その後契約に至ったのです。

女性経営者もいました。2代目の経営者もいました。独立して会社を立ち上げたばかりの経営者もいました。それぞれが、自分の人生の中で悪戦苦闘し、もがいていました。そして経営に立ち向かっていました。

どの人も、**「なんて、いい人なんだ！」「なんて、素晴らしい人なんだ！」**と感じずにはいられませんでした。

そんな気持ちから**「お役に立ちたい！」**という気持ちが湧き上がり、最後には**「お役に立つと思います！　私どもの話を聞いてみませんか？」**という言葉から商品の話になり、仕事は完結していきました。

私は初めて「ゾーン状態でモノを売った体験」をした時の感覚とまったく同じような感覚を、何度も経験しました。

何よりも、**お客様の話を聞かせてもらっている時のあの空気感は、なんとも言えないものでした。お互いが一体化したような幸せな空気です。**

そのような売り方ができた帰りには、気持ちが高まり、先ほどの面会の時の幸福感をそのまま感じ続けていました。それがうれしくて、またアポイントメントを取り、次の現場に向かうというような日々の連続でした。

そのような日々の中で、私はふと気づいたのです。

「**あれっ？　あれだけ強かった『売りたい！』という気持ちがなくなっているぞ**」

今までモノを売る仕事をしてきて、いつも横にたずさえ続け、消えることのなかった「売りたい！」という気持ちが、私の心の中でなくなっていたのです。

この頃の私は、朝出発する時も、商談を終えて帰る時も、もう、ワクワクした気分で、スキップをしたいような衝動に駆られていたのでした。

その結果、私は3か月営業コンテストで、個人でも、会社でも、トップの成績を取ることができたのです。

しかし、もっと驚いたことがあります。コンテストで表彰されることを目標に頑張ってきた私が**「コンテストの成績は、しょせん結果にすぎない」**と思い、淡々と受け入れていたことです。

その時の私は、コンテストで表彰されることよりも、お客様との面会の過程で起こるさまざまな出来事や、お客様との関係やその時間のほうが素晴らしいと思えるようになっていました。

なぜならば、私との面談時間を通して、お客様がとても喜んでくださるようになったからです。

そのような出来事が、営業コンテストでの表彰よりも、私に喜びと自信を与えてくれたのでした。

あなたのセールスがうまくいかない理由

私が今まで読んだ本でもっとも衝撃を受けたものの中に、『インナーゲーム』（W・ティモシー・ガルウェイ著、後藤新弥訳／日刊スポーツ出版社）という本があります。この本のテーマは「集中力の科学」です。

この本では、私たちが何かやろうとする時に、最大の問題は**「集中できないことである」**と言い、その解決法を提示していました。私の秘蔵の1冊です。

私はこの本で次のようなことに気づきました。それは**「多くの人は知らず知らずのうちに『心ここにあらず』の状態にある」**ということです。

私たちの心は移ろいます。身体は今ここにあるのに、過去のことを思い出したり、未来のことを想像したりして、心がどこかに行ってしまいます。

たとえば、今、この瞬間に、ここで何かを行おうとしています。

その時に、心がタイムマシンに乗り、同じような出来事のあった時代に瞬時に行ってしまうのです。これが「心ここにあらず」という状況です。

問題はここから起こります。自分の心が過去に行った場合、多くの人は自分の過去に体験した同じような失敗の出来事に戻ってしまうのです。

「俺は、ここで○○の失敗をした」

「私はこの時に□□のように振舞い大恥をかいた」

このようなことを考え、

「なぜ、○○のようにしてしまったんだろう」

「なぜ、□□のように振舞ったんだろう」

と、変えられない過去に対して後悔するのです。

やがて過去のことを思い出していた心が現実に戻ってきた時には、過去の失敗がフラッシュバックされ、「またやらかすのではないだろうか」「また、そのような振舞いをしたらどうしよう」と考えます。それが極度の緊張を起こし、動けなくなるのです。

未来に行った場合も同じです。多くの人は、まだ起こってもいないのに、なぜか未来の失敗結果を描きます。

そして、自分の心が未来から現実に戻ってきた時には、未来の失敗をフラッシュバックさせ、

「未来で想像したような○○の失敗をしたらどうしよう」
「未来のイメージに出てきた□□のように振舞い、大恥をかいたらどうしよう」

と想像して緊張を感じ、今から行おうとすることに対して動けなくなるのです。

この気づきは私自身にも大きな変化を与えてくれました。

大事なことは集中力を持って、身体も、心も、今この瞬間、ここに集中させることです。お客様のことだけを考え、心も身体も今、この瞬間に集中していなければなりません。セールスパーソンがそのような心境になっている時は「目の前のお客様のお役に立ちたい」と感じるのです。

私はこのことに気づいたのです。そして、その集中は、面会で何度も繰り返すうちに、瞬時にできるようになっていきました。これが「ゾーン状態」だったのです。

大切なのは「お客様のお役に立ちたいと思えるかどうか」です。

この基準を自分の中に持っていれば、自分が好きになれないお客様や、力になりた

いと思えないお客様、あるいは自分がお役に立てないお客様に会った時、「必要な時にはいつでもお伺いします」などと伝えてさっと帰ることもできます。お客様を見極められるぐらいの感覚も身についていくのです。

その基準に基づいて私は仕事に臨み、結果として、個人、企業の両部門の成績で、今度は、年間トップの成績を取ることができました。

この結果は、私にこの売り方が間違いないという絶対的な確信を持たせてくれたのでした。

なぜこの売り方でお客様の満足度が高まるのか

私がかつて行っていたモノの売り方は、「説明中心」でした。ここで、「説明中心の売り方」と「ゾーン状態での売り方」の違いをまとめておきたいと思います。

説明中心の売り方

自分が扱っている商品・サービスの内容にほれ込み、その良さを伝えたいという熱意に任せた売り方。

ゾーン状態での売り方

お客様のことを理解し、自分の中から「この人のためにお役に立ちたい」という気持ちが沸き上がらせた中での売り方。

× 説明中心の売り方

自分が扱っている商品・サービスの内容にほれ込み、その良さを伝えたいという熱意に任せた売り方。

商品・サービス > お客様

○ ゾーン状態での売り方

お客様を理解し、自分の中から「この人のためにお役に立ちたい」という気持ちが沸き上がらせ、それを満たす商品・サービスを提供する売り方。

お客様 > 商品・サービス

この2つの方法をどちらも実践してきた私が、ゾーン状態での売り方に切り替えたことで感じた大きな違いが、**「商品を購入した後のお客様の反応の違い」**です。

私が提供していたのは教育教材でしたから、販売して終わりではなく、ご購入されたお客様に対して、2〜3週間に一度、活用のアドバイスをするために訪問したりしていました。

ただ、かつて、「説明中心の売り方」をしていた時は、お客様の反応はあまりよくありませんでした。

お客様に意見を聞いても、「なかなかうまくいかない」「一所懸命やっているのだが成果が見えない」「忙しくって継続がむずかしい」という声を多く聞きました。そのため、私は「何か間違ったものを販売したのではないか」と、自責の念に駆られることが多々あったのです。

セールスパーソンがこのような感情を持ってしまうと、買っていただいたお客様のところを訪問するのが億劫《おっくう》になります。

私もいつしか、お客様と会っても、なぜか落ち着かないおどおどした自分になっていました。実際、成果が見えないので、気まずくなって途中でフォローが途絶えることも多くなりました。

しかし、同じ商品をゾーン状態での売り方で販売すると、「**青木さん、お客様との関係がすごく良くなってきました！**」「**成果が上がってきましたよ！**」「**先月はついに目標を達成しました！**」というお客様の喜びの声を数多く聞くようになったのです。

そして、追加購入や、他のお客様のご紹介もいただくことが増えました。

そうなると、私は自然とお客様のところにも堂々と胸を張って訪問できるようになります。次はどれぐらいの成果を上げていただけているかを聞くのが楽しくなってきました。


私は両者の違いを分析しました。「なぜ、売り方によって、購入後のお客様の反応にこれだけの違いが出るのだろう？」と考えたのです。

その結果、私がたどり着いたのは、「**お客様が購入を決断する時の気持ちの違い**」だとわかったのです。

「説明中心の売り方」で購入したお客様は、私というセールスパーソンの熱意に押されて「そんなにいいものだったら買ってみよう」と採用に踏み切られます。

ところが、**「ゾーン状態での売り方」の場合は、お客様自らが「これは自分に必要なものだから買って使ってみよう」と採用されるのです。**

前者はセールスパーソンに言われて採用する。

後者は自らがほしいと思い採用する。

この「購入する動機」の違いが、購入後にとんでもなく大きな違いを生み出していたのです。この体験と分析を通して、私は改めてセールスパーソンの役割の大きさと、売り方の重要性を実感しました。

その中で私がたどり着いたのは**「お客様は商品を買うのではない。お客様はセールスパーソンのプレゼンテーションを買うのだ」**ということでした。

「商品というモノ」を買ったお客様は、単に商品を使おうとします。ところが、プレゼンテーションを買われたお客様は、**「商品の価値」**を買ったのです。そして、その価値を得ようと商品を使うのです。

前者は商品を使うだけですが、後者は使うたびにその価値を確認します。この違いが、売り方の違いによって起こっていたのでした。

電話セールスでも効果を発揮する

私は2002年に、18年間お世話になっていたアメリカの教育教材の販売から、コーチングの世界に入りました。

コーチングというのは、何かを成し遂げたい人や、何か課題を解決したい人に対し、コミュニケーションを通じてその実現のサポートをする方法です。「青木さんのやっていることって、コーチングの手法と似ているね」というお客様の一言からコーチングを学び、「ミッションライフコーチング」という独自のノウハウを作り上げ、ビジネスを立ち上げました。

当時はコーチングという概念が日本に入ってきたばかりの頃です。私はホームページとメールマガジンで集客を行い、電話やスカイプでの無料相談から始めました。

無料でのコーチングを行い、その後の有料のコーチング契約を電話でしてもらうという方法を作り上げたのです。

無料コーチングの中で契約を取れなければ、収入になりません。そこで私が活用したのが、ゾーン状態に入る手法でした。

結論から言えば、**顔の見えない電話での会話でも、この手法の威力はいかんなく発揮されました。**顔もわからない私に、時間が60分ぐらいの1回の無料相談と、無料のコーチングで、信頼して申し込んでいただき、20万〜60万円の費用を事前に振り込んでくれるところまでになったのです。

その電話では次のように話をしました。

無料相談スタート

「○○さん、よろしくお願いします。まず、○○さんの今回の課題を聞かせてもらえますか？　あと、○○さん自身のお役に立ちたいと思いますので、個人的なことについても、少し聞かせていただいていいですか？」

無料相談最後

「では、提案したことを毎日実践し、次回、感想を聞かせてくださいね」

1回目コーチングスタート
「○○さん、先週はどんな感じでしたか？」
1回目コーチング最後
「○○さん、今日お聞きしたところ、良くなっていますね。ご自身ではどのように感じますか？　では、次回は最終ですので、提案したことを毎日実践し、次回も、感想を聞かせてくださいね」
2回目コーチングスタート
「○○さん、先週はどんな感じでしたか？　前回からの変化はありますか？」
2回目コーチング最後
「○○さん、このコーチングが今後も必ずお役に立つと思います。このコーチングについてどのように感じられますか？　具体的には？　では、前向きに進めていきたいというお考えですか？」

この時に非常に重要なのが、最初の無料相談です。最初は、自分が「この人のお役に立ちたい！」と思えるぐらいに相手のことを聞きます。

声だけですから、話の内容に集中し、相手の人生の出来事を感情も含めて聞き取ります。その上で、今回の課題や状況を聞きます。

このような聞き方をするコーチの真剣な姿勢を感じ取り、相手は1週間でも実際に行動を起こすのです。結果として8年間、私はこの仕事1本で生活していました。

そして、もっと驚いたことがあります。

私がコーチングをした全国（海外在住の日本人もいました）のクライアントから、私のやっているこのコーチングビジネスを行いたいという人が出てきたことです。

そこで私はゾーン状態のメソッドに従い、指導をしました。すると、彼らは私と同じように電話、スカイプで、当たり前のように契約が取れるようになったのです。つまり、電話のセールスでも、他の人もこの手法で再現できたということです。

このことから私は、

・ゾーン状態での売り方は対面セールスだけではなく、電話セールスでも活用できる

・ゾーン状態での売り方は経験の長さや有無にかかわらず、誰にでも実践できる

ということを確信したのです。

キーワードは「お役立ち」と「集中」

一介のセールスパーソンから独立してコーチングをしていた私でしたが、そのうち、コーチングの顧客だった経営者の方から、「うちの営業マンを指導してほしい」と依頼されるようになりました。そこから私は、他のセールスパーソンへ、自分がこれまで培《つちか》ってきた売り方の手法を伝える活動を始めたのです。

活動を続けていく中で、書籍の出版も決まり、「質問型営業」というスタイルを確立させていきました。

実際、質問型営業の本を読んだり、私のポッドキャストを聴いたり、実行したりしてくださった方の中から、他のセールスパーソンに明らかな差をつけ、売上を伸ばすことができたという声が次々と寄せられました。

ほとんどの人が実践していたのは、説明型の売り方だったのです。

世の中のセールスパーソンでは売り込みや説明が中心になっているので、他のセールスパーソンと差別化しやすいのです。

ただ、彼らの到達したところは、私が本当に到達してほしい地点ではありませんでした。

私は単に「質問ができるセールスパーソン」を作ろうとしているのではありません。**質問してお客様のストーリーを聞き、その内容に共感して、自分の中で「このお客様のお役に立ちたい！」という純粋な気持ちを湧き上がらせ、その気持ちを充分に高めた状態でお客様に提案する。**

そういった状態を常に目指すようにさせたかったのです。

ですから、いつもチェックするのは、そのセールスパーソンが「**ゾーン状態**」を体験したか、ということです。

たとえば、あるカーディーラーのセールスパーソンが、「青木先生、先生の言う売り方のコツがわかりました！」と興奮して私に言ってきました。

「そうか。わかったか。うれしいね。どういうことでわかったの？」

「それはですね。先約があったので、あとから来たお客様に、『先約があって、お時間がかかるのですが、よろしいでしょうか？　もしご用事がありましたら、そちらを先に済ませていただいていいですよ』って言えたんです。そうしたら『いや、大丈夫。待っておくから』って言われましてね。その後、どちらのお客様に対してもものすごく集中して、いいお話ができました」

「良かったね。今までと、どう違うの？」

「今までなら、先約があるとは言えずに、焦っていましたね。きっとバタバタしたと思います。待たせるのは申し訳ないし、お待たせして気分を害したら売れなくなるって」

「そうなんだ。なぜ、今回は、そのように言えるようになったの？」

「**わざわざ来ていただいたのに、先約のお客様のことを考えながらお話をしていたのでは、お役に立てないと思えたんです。**お客様も私も、話にしっかり集中できないといけないですからね」

「すごいじゃない。じゃ、そんな体験をして、改めて、車を売る時には何が一番大事だと思う？」

「やはり『**お役に立つ**』という意識ですね。お客様のカーライフを一緒に考え、お客様の望みを叶え、喜んでもらうこと。そのために話に『**集中すること**』です」

このようなやり取りを通じて、彼は本当に理解したに違いないと感じました。「**お役立ち**」と「**集中**」というキーワードを、自ら言ってくれたからです。

彼はその月からぐんぐん売上を伸ばし、その年のトップ営業に輝きました。彼は、入社して18年間、営業マンが1000人いる中で万年50位前後のセールスパーソンでしたが、ゾーン状態を意識したことで、一気にトップに駆け上ったのです。それだけではありません。その後、ずっとトップセールスであり続けたのです。

彼だけではありません。私はこれまで多くの人に指導をしてきましたが、経営コンサルタントやメーカー、商社、卸売、保険会社、飲食、サービス業など、さまざまなジャンルでこの境地に達し、売上を伸ばした人たちを見てきました。

たとえ偶発的にゾーン状態を体験しても、それに気づかず、スルーしてしまっているセールスパーソンはたくさんいます。

しかし、その時の気持ちの良さ、うれしさ、そして一体感を体験すれば、その手順通りに実践して、何度でも、ゾーンに意図的に入ることは可能なのです。

第一章のまとめ

- セールスパーソンの「ゾーン」とは、「目の前のお客様のお役に立ちたい」という純粋な動機に突き動かされる状態のこと
- セールスパーソンがゾーンに入ると、「売りたい」という下心が消え、それがお客様にも伝わって結果として売れるようになる
- ゾーン状態に入ると、購入するお客様も積極的に活用するので、結果として購入後の満足度が高くなり、追加販売や紹介につながる

第二章

モノを売る時のコミュニケーションの基本

「好意—質問—共感」の3ステップを極める

セールスにおけるスタート地点は、コミュニケーションです。
具体的には、**「好意—質問—共感」**の3ステップを踏むことです。
これを意識すると、次のような会話になります。

「今日はお時間を取っていただき、ありがとうございます。ところで、この会社を作られて30年とお聞きしていますが」**（好意・質問）**
「そうですね」
「すごいですね。いろいろなことがおありになったと思いますが」**（好意・質問）**
「それなりに、いろいろあったよ」
「そうですよね。特に印象深いことは何ですか？」**（共感・質問）**
「会社を興して順調に来ていた時に、バブル崩壊があってね。あの時期は厳しか

っ たね。商品が全然動かなくなってね」

この中で特に「共感」が大事です。共感によって相手を認めるので、コミュニケーションがどんどん進んでいくのです。

お客様の話に共感するためには、「イメージ力」が重要になります。

人は言葉を発した時に頭の中でイメージします。

リンゴと言えばリンゴをイメージしますし、電車と言えば、自分がいつも乗っている電車をイメージするでしょう。

人は誰しも自分の頭の中にスクリーンを持っていて、そこに言葉をビジュアルでイメージしながら話すのです。

お客様は自分の話をしながら、言葉の内容をイメージしています。先ほどの会話であれば、会社が厳しかった時期を思い出しイメージしているのです。

セールスパーソンはこのイメージに共感しなければいけません。

ただ、そのコツをお伝えする前に、相手に気持ちよくお話ししていただくために重要な、会話のテンポとリズムについて、先にご説明しましょう。

コミュニケーションの冒頭はテンポとリズムが命！

コミュニケーションは言葉のキャッチボールです。どちらかの手にボールが渡ったら、投げ返さなくてはいけません。

そこで重要になるのが、**テンポとリズム**です。

テンポは、会話の速さ、速度のことです。コミュニケーションにおいて、返答や質問にもたもたしていると会話が盛り上がらなくなります。間を空けずに、さっと言ったり、返したりするのです。

先ほどの会話例でも、テンポを意識したポイントがいくつかありますので、解説していきます。

「今日はお時間を取っていただき、ありがとうございます。ところで、この会社を作られて30年とお聞きしていますが」

まずはお客様とお会いできたことに感謝し、すかさず質問を投げかけます。ここで間を置いたり、どうでもいい世間話をしたりすると、テンポが悪くなります。

「すごいですね。いろいろなことがおありになったと思いますが」
「そうですよね。特に印象深いことは何ですか？」

質問をしたら、相手は必ず、何らかの形で返答してくださいます。

この時に、「すごいですね」「そうですね」など共感を態度と表現で示し、すかさず質問を重ねるのです。「間」を空けずにさっと質問に切り替えます。

落語では「間」を非常に大事にします。

たとえば「こんにちは」「あぁ、喜《き》ぃさんか。まぁ、こっち上がり」という会話ですが、この時に落語家は左側を向いて「こんにちは」と言うと、最後の「は」の言葉を言ったと同時に、右側を向いて「あぁ、喜ぃさんか」と話します。

ここに「間」を空けません。これはテンポよく話し、聞き手を話の世界に入ってもらうためです。このようにすると観客を引き付けておけるのです。

会話も同じです。自分と相手の言葉の間に隙間ができてしまうと、相手の気持ちがどこかに行ってしまいます。

会話の冒頭では、このテンポを重視することが非常に重要です。

次にリズムですが、これは**話す言葉の緩急・強弱**です。

大事なことを言う時には、ゆっくり、強く表現します。大事な言葉とは、自分自身が大事だと思う言葉です。その言葉の前後にはあえて「間」を取って、目立たせるのです。落語や演劇の世界では、このことを**「言葉を立てる」**と言います。

逆に、特に大事でない言葉は、さっと素早く小さめに、消えるぐらいに表現します。大事でない言葉とは「つなぎの言葉」で、強調して言わなくてもわかる言葉と言っていいでしょう。

先ほどの会話で、どう緩急・強弱をつければいいか、説明してみましょう。

「今日はお時間を取っていただき、ありがとうございます。ところで、この会社を作られて30年とお聞きしていますが」

大事な言葉：「お時間」「30年」

この言葉は、前後に少し「間」を取り、強めにはっきり、ゆっくり言います。

つなぎの言葉：「取っていただき、ありがとうございます」「とお聞きしていますが」

これらの言葉はなるべく詰めて、さっと、素早く言います。聞こえないぐらいでも大丈夫です。むしろ、大事な言葉が浮き出し強調されるのです。

話をしていて「じれったい」「しんきくさい」などと感じる人は、このテンポとリズムが悪いことが多いです。

私も過去に1つの文章（最初は「今日はお時間を取っていただき、ありがとうございます。〜とお聞きしていますが」を練習してください）を決め、何度もこの「テンポ」と「リズム」と「感情移入」を練習しました。

これはぜひ練習してください。

会話におけるテンポとリズム

テンポ

話すスピードのこと。
もたもたしていると会話が盛り上がらなくなる。
「共感」と「質問」には間を置かずにスピーディに話す。

リズム

言葉の緩急・強弱のこと。

自分の話す内容の中で、大事なこと、伝えたいことはあえてスピードを緩めてはっきり話す。逆に、そうではない「つなぎ」の部分はすばやく、聞こえなくてもいいくらいに落差をつける。

5W1Hの質問でどんどんお客様に共感できる

セールスパーソンがお客様の話に「**共感**」するには、相手のイメージを共有することが大切です。どうすればいいのでしょうか。

答えは、相手の話から「**イメージを具体的にしようとする**」ことです。

そのためには、相手の話した内容に「興味・関心」を持ち、質問することです。興味・関心を持てば、次のような疑問が頭の中に浮かぶはずです。

「それはどういう状況なんだろう？」

「どういうことをしたのだろう？」

「なぜ、そのようにしたのだろう？」

「そこからどのようになっていったんだろう？」

「その時、お客様はどのように感じたのだろう？」

５Ｗ１Ｈなどと言いますが、Who（誰が）、When（いつ）、Where（どこで）、What（何を）、Why（なぜ）、How（どのように）のように、内容を具体的に聞いて、イメージできるようにすればいいのです。

先ほどの話の続きを見ていきましょう。

「会社を興して順調に来ていた時に、バブル崩壊があってね。あの時期は厳しかったね。商品が全然動かなくなってね」

「社長、それはどういう状況なんですか？」

「とにかく、いっぺんに注文が来なくなったんだね。あと取引先がつぶれたりもして本当に大変な時代だったよ」

「そうなんですか。それでどうしたんですか？」

「当社も支払いができなくなってね」

「そうなんですか。それは大変でしたね。どんなことが起こったのですか？」

「じつは、給料日に電気の支払いができなくなってね。給料を支払うか、電気代を支払うか、考えてね。やっぱり、給料を支払うことに決めたんだ」

「わーっ、すごい決断ですね。それでどのようになったんですか？」

「社員にね、言ったよ。俺はみんなが大事だから給料払うって。ただ、電気代が払えないから、電気が止まるので、何とか対応してくれってね」

「そうですか。勇気のいることですね。そうしてどうなったんですか？」

「そうしたら、社員が皆、夜にろうそくを持ってきて、仕事しているんだ」

「わーっ、感動しますね。それはすごいことですね。その時は社長はどう思われたのですか？」

「いゃー、びっくりしてね。皆が『社長、こういうこともありますから』って私に言ってくれてね。思わず涙が出たよ。その姿を見て、『絶対、何とかしてやる』と心の底から思ってね。とにかく、動き回ったよ。そこから何とか持ち直したんだ」

「わぁー、そうなんですね。その時に社長はどのようなことを感じられていたのですか？」

「社員の気持ちが本当にうれしくってね。この社員たちのためにも絶対！　絶対！　頑張ろう、いい会社を作ろうって心底思ったよ」

「いゃー。社長、素晴らしいですね。社員さんも素晴らしいですね。そのような社員さんがいらっしゃるのは社長の人柄ですね。本当にいいお話、ありがとうございます。もう、感動しちゃいました」

ただ「バブル崩壊の時期は厳しかった」とだけ聞いても、あまりイメージが湧かず、共感もしにくいと思います。

しかし、こんなふうに具体的に話を聞いていくと、セールスパーソンの頭の中にも当時のお客様の会社の情景がビジュアルとして浮かび上がり、しっかりと共感できるようになります。

このように内容について具体的にセールスパーソンが質問していくと、お客様は話してくれます。

それを頭の中で具体的なイメージにすればいいのです。

相づちがものすごく重要な理由

お客様の話を促す上で重要なポイントは**「共感の言葉をしっかり口に出す」**ということです。

この言葉を感情的に発していけば、お客様は自分自身が描いているイメージに入り込めるようになり、ますますはっきりと描けるようになります。

また、セールスパーソンもどんどん質問すると、お客様のイメージをはっきり描けるようになるのです。

先ほどの会話の、共感の部分だけを見てみましょう。

「そうなんですか」
「そうなんですか。それは大変でしたね」
「わーっ、すごい決断ですね」

「そうですか。勇気のいることですね」

「わーっ、感動しますね。それはすごいことですね」

「わぁー、そうなんですね」

「いゃー。社長、素晴らしいですね。社員さんも素晴らしいですね。そのような社員さんがいらっしゃるのは社長の人柄ですね。本当にいいお話しありがとうございます。もう、感動しちゃいました」


なんだかわざとらしく感じるかもしれませんが、淡々と話を聞いているだけでは、お客様は「あまり自分の話に興味がないのかな」と考え、話してくれなくなってしまいます。

自分がお客様の話に共感していることをきちんと言葉にして、相づちを打つことで、お客様はさらに話をしやすくなるのです。

共感の言葉を口にすることのメリットはそれだけではありません。このような相づちを打っていると、セールスパーソン自身も、自分の感情を高めていくことができるのです。

たとえば、ここでは共感の言葉が、「そうなんですか」から始まっていますが、次第にお客様の返答に応じて、「わーっ」「いゃー」なんて言葉になっています。

実際にやってみていただけばわかるのですが、共感の言葉を発しているうちに、セールスパーソンが相手の話に入り込んでいき、より感情的な言葉になっていくのです。

まさにこれは、ゾーンに入りかけている状態です。

セールスパーソンがお客様の状況を頭の中に描こうとして、お客様の話をイメージし、そのイメージによって、さらに興味・関心が出て、どんどん質問をしていけるようになるのです。

このように見ていきますと、**「イメージ力」**が共感、感情移入を行わせて、ゾーン状態に入らせるともいえるのです。

イメージできるから「お役に立ちたい」と思える

ゾーン状態でお客様の情景を描き切った時、セールスパーソンはお客様の心情を理解します。そして**「すごいなー」「いい人だなー」「なんて素晴らしい社長と社員さんなんだ！」「なんて素晴らしい会社なんだ！」**という気持ちになるのです。

さらに**「この社長とお付き合いしたいな」「何か私のできることでお役に立ちたいな」「何か自分のできることはないだろうか」**という気持ちになるのです。

「自分のできることは何か？」と考えた時に、この社長の現状と未来に自然に焦点が移り、自分自身の業界、商品・サービスのことに焦点が移るのです。

仮にこのセールスパーソンが企業教育を担当していたら、話は次のようになります。

「そういう中で、社長ご自身の現状はどのような感じなんですか？」

「おかげで、今は社員の皆と確実に進んでいるよ」

「そうなんですね。さすがですね。そのようなご苦労があったからこそ、味わいも格別だと思いますね。いかがでしょうか？」

「そうですね。とにかく今は感謝しかないね」

「そうでしょうね。では、そういう中で今後の将来についてはどのようにお考えなんでしょうか？」

「さらに、伸ばしていきたいですね。社員と共に、この社会に少しでも役立つ会社にしていきたいと思っていますよ」

「そうなんですね。素晴らしいですね。そういう中で、社員さんの教育についてはどのようにお考えですか？」

「そうですね。その分野も今後のために、充実させていきたいと思っていますよ」


このように展開していけば、教育の話になり、具体的に聞いていくうちに「この部分なら私はお役に立てる！」となるのです。

「イメージした中のお客様の心情」を理解できた時に、お役に立ちたいという気持ちから、自分の提案したい分野でお役立ちするところまで作り上げられるのです。

相手に共感しようとする時に陥《おちい》りがちな失敗

お客様の話をイメージしていく時に、間違いやすい点を、ここで話しておきます。

この2つのことを、セールスパーソンはやってはいけません。

①お客様の話に対して、先行してイメージしだす。（思い込み）
②お客様の話で刺激を受け、違うイメージに持って行きだす。（引っ張り）

①は、ベテランのセールスパーソンによく見られる傾向です。お客様の状況を聞かせていただき、イメージを描いている時に、同じような過去の事例を思い出し、ついつい先回りしてしまうのです。

そのようなセールスパーソンは、先ほどまでの会話例に当てはめると、たとえば次のようなことを言ってしまいます。

「とにかく、いっぺんに注文が来なくなったんだね。あと取引先がつぶれたりもして本当に大変な時代だったよ」

「そうなんですか。それでどうしたんですか？」

「当社も支払いができなくなってね」

「そうなんですか。それは大変でしたね。ひょっとして、社員の方のお給料が遅配とかになったんですか？」

「そうなんですか。それは大変でしたね。会社で社員さんがザワザワしませんでしたか？」

これは、セールスパーソンがお客様の話から自分の過去の体験、あるいは他の人から聞いた事例を思い出し、そのイメージの話をしだすということです。

あるいは、次のように口を出してしまう人も少なくありません。

「そうなんですか。それは大変でしたね。私も過去にそのような体験をして、大変だったんです。その時には、じつは……」
「そうなんですか。それは大変でしたね。じつは、先日もまったく同じような話を聞きましてね。そこの社長は……」

これらの場合、セールスパーソンが自分はお客様のことを気づかっていることをアピールしようと思っているのかもしれませんが、これは意味がありません。**ここで大事なことは、お客様の気持ちになることなのです。**また、お客様自身にもその体験を再度味わってもらうことです。

ですから、セールスパーソンはお客様が言いたいことを先回りしたり、別の方向に行ってしまうような話をしてはいけません。

そうすると、ゾーンに入れなくなってしまうのです。

セールスパーソンがゾーンに入る3つのタイミング

セールスパーソンがゾーンに入るタイミングは3つあります。

「面会前」「面会スタート時」「面会中盤から後半」です。


まずは面会前です。

ここではあなたの商品・サービスに対して、興味・関心を持つことです。**自分の商品・サービスの特長・強みなどを調べることに没入することでゾーン状態ができます。**

あなたはそのことで、商品・サービスの新たな情報を得て、ほれ込み、確信を持つことができます。


次は面会スタート時です。ここで初めて、セールスパーソンはお客様と面会します。

セールスパーソンはお客様に興味・関心を持ち、過去の出来事や現在の状況など、個人的なことについて質問します。聞いていくうちにお客様のことにますます興味・関心が出て、お客様の世界に没入していきます。

この時にセールスパーソンは、お客様の話でゾーン状態を作ります。そして、お客様の生き方や考え方に触れ、その素晴らしさに触れ、「このお客様のお役に立ちたい」という純粋な気持ちを抱くのです。

最後は面会中盤から後半です。

さらにお客様の現在から未来に対して、あなたの商品・サービスを役立てられるか、興味・関心をもって質問することが始まります。具体的に、鮮明に役立つための質問をすることにもなるでしょう。

この時に、**セールスパーソンはお客様の現在から未来に対して、ゾーンを作ることになるのです。**

その中で「必ずお役に立てる」という確信を得られるのです。

反対に確信を得られない場合は、こちらから断ることもできるようになるのです。

ゾーンに入る3つのタイミング

1 面会前

自分の扱っている商品・サービスに興味を持ち、調べておくことで、その商品・サービスにほれ込み、セールスパーソンはゾーンに入れる。

「この商品は絶対お客様のお役に立つ！」

2 面会スタート時

目の前のお客様に興味を持っていろいろ話を聞き、お客様のことを好きになってお役に立ちたいと思うことでセールスパーソンはゾーンに入れる。

「このお客様はいい人だ！ お役に立ちたい！」

3 面会中盤から後半

お客様の望む未来を聞き、その未来の実現に向けて自分の商品・サービスが役に立つと確信した時、セールスパーソンはさらにゾーンに入れる。

「このお客様なら、この商品が必ずお役に立つ！」

第二章のまとめ

- まず相手に好意を持ち、質問をして、その答えに共感する「好意―質問―共感」がコミュニケーションの基本となる
- コミュニケーションの特に冒頭では、素早いテンポで会話を広げる。ただし、重要なところはあえて緩急をつけてゆっくり話すのも重要
- 「誰が」「いつ」「どこで」「何を」「なぜ」「どのように」といった質問で相手の状況を具体的にイメージすると、共感しやすくなる
- 相づちをしっかり打つことで相手の話を促し、自分の気持ちをも高められる
- 会話中、相手の話の先を予測したり、自分の話に持ち込んだりするのはＮＧ
- セールスパーソンは「面会前」「面会スタート時」「面会中盤から後半」の３つのタイミングでゾーンに入れる

第三章

日常でミニゾーンを体験する

日常会話でもゾーン状態を体験できる

セールスにおけるゾーンは、「極度の集中状態で、自分自身の思考や感情を忘れ、お客様のことに没頭している状態」です。

ただ、頭で理解しても、実際に体験してみないと感覚としてつかむことがむずかしいところがあります。

しかし安心してください。

ゾーン状態は、何もセールスだけで体験できるものではありません。

日頃話している友人や家族とのコミュニケーションでも、ゾーン状態を体験できるのです。このような、日常会話の中で体験できるゾーンを、私は「ミニゾーン」と名づけています。

いきなりモノを売るシーンでゾーンを作ろうとすると、ハードルが高いこともあります。そこで、まずは普段の生活の中でミニゾーンを体験し、それから実際の仕事に取り入れればスムーズにいきます。

日頃のコミュニケーションでミニゾーンに入ることは、ゾーンを感覚的につかむためのまたとないチャンスです。

ミニゾーンの体験は、周りの人々との関係を深め、相手のことを深く理解し、豊かな時間を過ごすチャンスでもあります。

どんな人でも皆、自分の人生を良くしようと一所懸命生きています。周りには気づかれないところで喜んだり、落ち込んだりしながら、前を向いて進んできたのです。

周りの人々の話を具体的に聞くだけで、この身近な人々の中に、こんなにも素晴らしいドラマがあったのかと感動さえするのです。

ミニゾーンを体験することで、あなたは、改めて家族に愛おしさを感じ、友人により親しみを感じ、両親、先輩に尊敬の念を感じるでしょう。こんなに素晴らしい人と自分は人生を共にしていたのだと気づくはずです。

両親・祖父母の昔話を聞いてみる

あなたはあなたの両親と、どのくらい会話をしているでしょうか。

あなたの生まれていない時代、そしてあなたが小さくてまだ記憶にない時代を知っているのは、まぎれもなくあなたの両親や祖父母です。

「へー、そんなことがあったの?」

「すごいね。そんな時代を生きてきたんだ」

しっかりとコミュニケーションをして、両親、祖父母の過去の話を聞いてみると、そんな感嘆の言葉さえ出てくるのです。

たとえば私の父は91歳で亡くなりました。90歳まで現役で仕事をしていたすごい父でした。戦前、戦中、戦後の時代を生き抜いてきた気丈な人でした。

そんな父親もさすがに、現役を退くと一気に衰えを感じずにはいませんでした。そこで、この時期を外したらもう聞けないと思い、仕事の帰りの早い時にはなるべく両親の家により、父親の話を聞き、ミニゾーンを体験していたのです。

父は富山の商業学校から陸軍士官学校に入った努力家でした。私が学生の頃は、そんな父が煙たくてあまり話をしなかったのです。

ところが、過去の話を聞いてみると、本当に意外なことがいっぱいあるのです。

「じつは、士官学校に入った時は、皆優秀でな。勉強に追いつけなくて、消灯のあと、悔しくて、布団の中で電気をつけてな。みんなにわからないように勉強したよ」

「へー、本当にそんなことしたんだ」

「戦争で学校が空襲にあって多くの仲間が亡くなってな。あまりの多さに呆然としてな。遺体をまるでモノを放り投げるようにトラックに積んで、生き残った仲間と運んだよ。その時は自分も感情がなくなったよ」

「そうなんだ……」

父の話は臨場感たっぷりで、まるで昨日の出来事のように感じました。

体験している人の話は、映画などよりもリアルです。

今は89歳の母親に、今までの人生を聞いています。

これらは、私がまだ生まれていない時代の話です。

私が記憶のない小さい頃の話です。

そんな話を聞いていると、改めて、そんな時代を経て、両親が知り合い、私という子どもが生まれて、今ここにいることの人生の不思議を感じます。

もちろん、そんな中で、一所懸命私たちを育ててきてくれた両親に感謝せずにはいられなくなるのです。

こんな日常の両親の話を聞くわずかなミニゾーンから、感謝や人生のドラマを感じることでしょう。

そういう意味で、両親や祖父母はあなたがミニゾーンを味わうのに絶好の相手であると言えます。

我が子の話に真摯に耳を傾ける

「お父さんが新しい仕事を始めたばかりの頃、僕は○○と思ってたんだ」

「お父さんは、忙しかったから、私は○○してたんだよ」

子どもたちは小学生の頃、こんなことを感じ、思っていたのか……そんなことを感じずにはいられないのが、子どもたちとの会話で体験するミニゾーンです。

親の目から見て、無力でまだ何もできてないと思い込んでいた子どもが、彼らなりにいろいろなことを感じ、思い、行動してくれていると思ったら、もう、目頭がウルウルしてきます。

じつは、多くの親が聞いているようでまったく聞いていないのが、子どもたちの気持ちや考えです。

親は、子どものことを「半人前」だと思ってしまいます。気がつけば、つい上から目線で話をしているのです。小さな子どもでも自分なりの考えを持ち、一所懸命に生きているることを忘れてしまうことがよくあるのです。

そんなことを教え、気づかせてくれるのが子どもとのミニゾーンです。子どもの幼稚園の頃、小学校の頃、そして、中学、高校と聞いてみてください。

子どもは立派に考え、自分なりに生きてきています。そして、両親であるあなたを気づかってきてくれたのです。

その時には親の心配は脇に置いて、とにかく聞くことに徹してみることです。

今まで聞いたこともないような、まったく知らない子どもの思いを知って、びっくりするでしょう。それはすでに子どもではなく、1人の人として、立派な人間としての存在なのです。

そんなことを味わったその日から、あなたと自分の子どもとの関係が変わります。今までの説教じみた言葉がなくなり、まず子どもがどのように思っているかを聞くようになるでしょう。

あなたはミニゾーンで話を聞いた時から、子どもたちを尊敬すべき人として見るようになるのです。

妻（夫）とのミニゾーンで互いを尊敬しあう

あなたは結婚前の妻、夫の人生をじっくりと聞き、味わったことがあるでしょうか？

聞いていそうで、聞いていないのが、長年連れ添っているパートナーのことです。

結婚当初はお互いを知り合うために聞いていたかもしれません。しかし、結婚生活も長くなると、それも遠い昔の話になります。

そんな中で、久しぶりにやっていただきたいのが夫婦の会話でのミニゾーンです。


「ところで、子ども時代はどんなだったっけ？」

「お母さんはどんな人だったの？」

「兄弟はどんなだった？」

「その時にどう思ったの？」

なんとなく聞くのもこっ恥ずかしいなんて気持ちになるでしょう。

そこで、ちょっと場所を変えて、2人で食事に行って、話のネタに妻、夫の過去を改めて聞いてみてミニゾーンに入るのです。

そうすれば、意外にも過去に聞いていたようなことも、連れ添ってきた中でお互いの性格があらわになった今だからこそ、納得いくようなことがあるのです。

「子どもに対する教育の仕方はここからきているのか」

「日常の物の考え方、行動の仕方は、この子どもの頃からのものなのか」

「子どもの頃、こんなに苦労していたのか」

「こんな気持ちで育ち、生きてきたのか」

こんな知らなかったことまで、改めてわかると今の妻、夫との関係も変わっていくのです。感謝と尊敬できるものが見えてくるからです。

今では空気みたい？　四六時中ケンカ？　なんて思っている隣の妻、夫が素晴らしい伴侶《はんりょ》として、浮き彫りになるのです。

夫婦としてお互いに尊敬しあい、改めて感謝ができる間柄にしてくれるのもミニゾーンの効用なのです。

仕事仲間に質問すれば学びになる

日頃、仕事で話をしている仲間。意外に仕事の話ばかりで聞いていないのが、その人の過去の話です。ここはちょっとミニゾーンに入り込んで聞いてみましょう。

そんなに回数は多くなくていいのです。1回だけでも生い立ちから、育ち、学生時代と映画を見るようにじっくりと聞いてみてください。

特に、ぜひ聞きたいのが上司です。

この強面《こわもて》の上司がなぜできたか？

この何も言わない上司はなぜこのようなのか？

このスーパースターのような上司はなぜこのようになったのか？

このすべてがつかめるのが、ミニゾーンです。その人がそのような仕事のスタイルを確立させ、仕事の哲学を持っているには理由があるのです。

私は30年以上、教えをいただいている先生がいます。先生は80歳を超えています。

発想の柔軟さ、誰に対しても可能性を求めている姿には驚きます。

ある時、話を伺って、それが小さな頃のボーイスカウトの教えだと聞き、驚いたことがあります。また、もう1人の先生は、就職してから後の学びで大きく脱皮し、人間として成長できたことを伺いました。いくつでも、いつからでも、人間は成長できると知り、勇気をもらいました。

これらの先生からの教えの源も、先生の過去を聞いてミニゾーンに入ることでより体験的に深く感じたのです。

仲間のことを聞く時にも、ミニゾーンに入りましょう。


「ところで、小さい頃はどんなんだった?」


こんな一言で「ミニゾーン」に入れるのです。小さい頃からの育ち、取り組んできたスポーツ、学んできたもの、そんな歴史を聞いていると、現在の仕事ぶりが見えてきます。その人の歴史を知るだけで妙に今まで以上に親しみが湧いてくるのです。

部下については、面談という仕事の場でも大いに使えます。

その部下を育てていくにも、その人のパターンを知ることが必要です。部下のプロフィールと共に歴史を聞くことです。

どうしても、自分と比較して相手を見がちです。

「なぜ、このようにしないのだ?」「このようにできないのかな」「このような見方がなぜできないのかな」などとつい、不満を口にしたりします。

これらは部下のパターンや性格をしっかりと見ていないところから起こります。

人にはそれぞれの見方、考え方、発想の仕方があるのです。これらはやはり過去の育ち、経験から来ています。

いくらコーチングなどの指導法を習っても、その人のパターンを理解していなければ、強制的指導になってしまいます。その人の個性を踏まえて指導するには、まずはその部下を知る必要があります。

それを可能にしてくれるのが部下とのミニゾーンの体験なのです。

このミニゾーンでの体験を踏まえた上での部下指導、コーチングは大いに効果を上げるでしょう。ミニゾーンで1人の人間として接するようになるからです。

有名人の経歴を調べてミニゾーンに入る

今までは、対面でのコミュニケーションでミニゾーンに入る話をしてきました。ここで、ちょっと変わったミニゾーンの入り方をお教えしましょう。

それは、**有名人についてインターネットで調べて、その人の人生を知り、ミニゾーンに入る方法です。**これは対話を通じてではなく、書いてある文章を読み取るだけのミニゾーンです。

私はこれをよく使います。

気になった俳優を見ると、「このにじみ出る演技のうまさはどこから来ているのだろうか?」と興味を持ちます。

うまい歌手の歌を聞いていると「このうまさはどこから来ているのだろう?」と興味を持つのです。

あるいは本を読むとその筆者に、映画を見ると監督や役者など、個人的なバックボーンが気になりだします。

私はよく、インターネット上の百科事典、ウィキペディアを読みます。

最近のウィキペディアには、有名人の出身地から幼少期、現在に至るまでじつにくわしく書かれています。イメージを持って読んでいると、知らず知らずにミニゾーンに入っていきます。

もちろん、ウィキペディアはきちんと取材して書いているわけではないので、内容に間違いがある可能性もあるでしょう。

ただ、ここでの目的はその人の人生を丸ごと知ったような気分になり、ミニゾーンを体験することです。書かれていることが本当に真実なのかどうかは、あまり気にする必要はないと思います。

あるいはウィキペディアだけではなく、雑誌やネットでのインタビュー記事、SNSの発信があれば、それを読むのもいいでしょう。

このように、興味を持った人のことを調べていくと、その人が作り出す演技、音楽、作品に対するバックボーンがわかり、急に親しみを持てるようになるのです。

自分に質問して答えをノートに書き出す

今度は、自分の人生でミニゾーンに入る方法です。自分に質問をしながら、答えていくうちに自分の人生のミニゾーンに入っていきます。

集中力を高めるために「書く」方法を使っていくといいでしょう。

次の質問に答えてみてください。時間は10分です。

特に書けるところだけを、深く集中して書いていくのです。すべてを書く必要はありません。

・あなたはどこで生まれましたか？
・あなたの両親はどんな人でしたか？　その両親にどのように育てられたでしょうか？
・あなたの幼稚園時代に思い出はありますか？
・あなたの小学生時代はどんな子どもでしたか？　どんなことが楽しかったですか？

・中学生時代、どんな青年になってきましたか？　どんな恋が始まりましたか？
・高校生時代、どんなことに夢中になりましたか？　何が楽しかったですか？
・大学時代、どんな仲間ができましたか？　何を語っていましたか？
・社会人から現在に至るまで、どんなことを目指していますか？

これらの質問に対する答えを考え、書き出すと、あなたはその時代にタイムスリップし、その時の経験を味わいます。

自分自身がその時代に夢中になってやっていたことを思い出し、ほほえましく感じ、その自分を認めることができるのです。それが今につながっていることを理解することができるでしょう。

もっとも重要なことは、自分で自分の存在、その考え、生き方を認められるようになるという点。思い出せば思い出すほど記憶は鮮明になり、書くことが進み、さらにより深いところに気づきだすのです。

書いていて気づく、などということはいくらでもあるのです。それはミニゾーンに入り、その時の出来事や感情を鮮明に見ることができるからです。

昨日の出来事を振り返り、未来を考えてみる

最後は、日常で自分自身がミニゾーンに入る方法です。

２つの方法をお話ししましょう。

①昨日（先週、先月）を振り返る

昨日あったことを振り返りましょう。一番印象に残った場面でいいでしょう。

誰と会って、どんな話をしたか？

その中からあなたはどのように感じたか？

その話から今後どのようなことをしようと思っているのか？

その場面を具体的に思い出し、そこで体験したこと、話したことを書き出すのです。

あなた自身の感じたことから、それを今後に生かすのです。

特に大事なことは、そこでどのようなことを感じ、どのようにしようと思ったのか

です。これによって、体験が今後に生かされることになるのです。

②これから行うことに対してシミュレーションし、ミニゾーンに入る

このミニゾーンは未来に対してです。

これから会う人と何の目的で、どのように話をするのか。

これから行うことに対して、何を目標にするのか。

事前にその状況を明らかにして、方法を明確にするのです。そうすれば、あなたはミスなく、自信を持って臨めます。

これらもイメージによるミニゾーンです。常に自分自身が集中力を持って、イメージして、状況を事前に味わうのです。

これによって、あなたは確実に自分自身を成長させ、進歩させることができるようになるのです。

この専用の用紙は、私の著書『「3つの言葉」だけで売上が伸びる質問型営業』（ダイヤモンド社）に添付していますので、くわしくはそちらを参考にしてください。

第三章のまとめ

- いきなりセールスの現場で実践しなくても、身近な人を相手に簡単なゾーン状態(ミニゾーン)を体験できる
- 両親、祖父母、子ども、配偶者、仕事仲間などに積極的に質問し、相手の話を真剣に聞くことでミニゾーンを体験できる。特に共感の感覚をつかむことができる
- 会ったことがない有名人でも、経歴を調べたりすることでミニゾーンを体験できる
- 自分に質問を投げかけたり、自分の過去を振り返ったりすることで、1人でミニゾーンを体験することもできる

第四章

STEP 1

自社の商品・サービスを調べる

「お客様のお役に立てる」という確信を持つ

第三章では、日常での「ミニゾーン」の入り方についてお話ししました。ゾーンというのがどういうものかを実感し、「相手に興味を持つ」という練習としては、このレベルでいいでしょう。

本番はここからです。

ゾーンを仕事の現場で用いて結果を出すには、さらにあなたが「自分はこのお客様のお役に立てる」という確信を持つ必要があるのです。

この確信を持てれば、多くのセールスパーソンの心の中にある「売らなければならない」「売上を伸ばさなければいけない」「これは仕事だから」などというビジネスチックな領域を脱し、あなたの「売る」という行為は「純粋無垢な貢献」に基づいたものになります。

このレベルこそが自分自身の生活や会社、周りのことを一切気にせず、純粋に目の前の人のことを思い、考えている状態。すなわち**「自分を乗り越えた動機」**を持って、売ることができる領域なのです。

この領域に立ったセールスパーソンは自由で、何のとらわれもなく、自分の純粋な気持ちを持ってお客様に商品・サービスを紹介することができるのです。

もはやそれは、仕事でなく喜びです。

モノを売る時に常にテーマであるのは、お客様を発見すること、マーケットを見つけること、お客様にアポイントを取ること、アプローチ、プレゼンテーション、クロージング、そして、フォローアップ、ご紹介……。

これらの課題が、まるでドミノ倒しのように、次々と「やらなければいけないこと」から「やりたいこと」に変わっていくのです。

自社の商品・サービスを調べて好きになる

お客様の話を聞いて、「自分は絶対にこのお客様のお役に立てる」という確信を持つためには、面会前の準備が必要です。

どういうことかというと、**「お客様がこの商品・サービスを購入し、活用すれば、間違いなく喜んでいただける」**というイメージを持てる状態を作るのです。

そのためには、まずあなたが第一番のお客様として、その商品・サービスを購入した時に最高に喜べるかです。

もちろん、あなたが実際の購入者になってそれを活用するのが一番いいでしょう。ただ、実際に購入しなくても、同じような気持ちでそれを味わうのです。そのためには、**自社の製品・サービスについて徹底的に調べる**ことです。

具体的には、次のような順番で調べればいいのです。

①商品・サービス自体

その商品・サービスを実際に使ってみて、その効果・メリット・喜び・自分にとっての価値を調べてみましょう。**「いいなー！」「これは素晴らしいー！」「気持ちいいー！」「最高ー！」**などの気持ちが出てきたら、それを声に出して言うのです！

そして、それを自分の心に刻み込むように、しっかりと書き留めておきましょう。

あなたはお客様になったつもりでイメージし「ゾーン」に入るのです。

②カタログ・資料

これらには、あなたが提供する商品・サービスの特長、誕生した歴史が書かれています。載っている内容は丹念に調べ、分析し、厳選された表現です。あなたの商品・サービスのエッセンスであり、ダイジェストです。

その文章1つひとつを丁寧に、味わうように読み込みましょう。

そして、商品・サービス自体を調べた時と同じように、**「なるほどー！」「そうなのかー！」「そういうことかー！」「これは最高ー！」**などの気持ちが出たら、それを声に出し、ラインマーカー、ペンでその部分に線を引き、心に刻み込んでいくのです。

③会社の歴史・創業者の思い

多くの商品・サービスは創業者の思いから生まれました。

その創業者のやむにやまれぬ気持ち、どうしても伝えたい思いを知ってください。それが商品・サービスになる物語を知ってください。その熱き思いを感じるのです。**「この商品・サービスはこのように生まれたのだ！」**という感動の物語を肌で味わうのです。この時に創業者のそばにいるイメージをし、「ゾーン」に入って、一緒にその歴史を歩んでください。

商品・サービスをゾーン状態で味わうことにより、あなたの商品・サービスに愛情を肌で感じるようになります。抱きしめたくなり、肌身離さず、それこそ寝床にまで持ち込みたくなれば最高です！

あなたはすぐにでもお客様の元に駆け付け、それを伝えたくなるでしょう。

この時に、すでにあなたは面会前に商品・サービスのゾーン状態を獲得しているのです。そうすれば、お客様の否定的な反応にも影響を受けなくなるのです。

自社の商品・サービスの魅力の調べ方

商品・サービスを自分で使ってみる

その商品・サービスを実際に使ってみて、その効果・メリット・喜び・自分にとっての価値を調べる。そして、それをメモしておく。

カタログ・資料を読み込む

その商品・サービスが開発された経緯、特徴などを理解する。

会社の歴史・創業者の思いを調べる

創業者がその商品・サービスに込めた思い、ストーリー、感動などを味わう。

商品・サービスに自信を持ちすぎるのは注意！

ここで、1つだけ注意しておきたいことがあります。

それは、商品・サービスについて調べている間に、どんどん自信が出てきて、「これを早くお客様に伝えたい！」「こんないいいものはない！　お客様に話してあげなくては！」という気持ちになった場合です。

たしかに、その気持ちは大事でしょう。その気持ちこそがあなたが自分の提供する商品・サービスに自信を持った姿です。

ただ、忘れてはいけないのは、**お客様にはその商品・サービスの素晴らしさはわからない**、という点です。

時間をかけ、専門的にいろいろ調べたからこそ、その商品・サービスの素晴らしさがわかったのであって、初めて聞いたお客様が、それと同じような素晴らしさを感じられるはずがないのです。

こうしたギャップに気づかないまま、セールスパーソンがお客様との会話を始めてしまうと、やっかいなことになります。

セールスパーソンが1人で興奮して、「素晴らしいものがあります！」「これはきっとお役に立ちます！」「ぜひ採用してください！」と言ってしまうのです。

そう言われても、お客様は何のことかさっぱりわかりません。

むしろ、お客様はあなたが何かに洗脳されそうになっているように思い、怖がり、敬遠するでしょう。

私は最初、この失敗を数多くやりました。

自分の気持ちだけが先走り、お客様から敬遠されるのです。挙句の果てに、私は「こんないい話を、なぜ聞いてくれないのだろう？」と思っていました。

原因は明らかです。私が商品・サービスへの熱意を持ちすぎて、とにかく伝えたいという気持ちにあふれているせいでした。

そのことに気づいた私は、あえてその気持ちを内側に納め、電話の向こうのお客様と楽しく会話することだけを心掛けました。

そうしたら、どんどんアポイントが取れるようになったのです。

これは商品・サービスについて勉強し、調べ始めた新人だけに限りません。数多くの経験を重ねたベテランにもよく見られる傾向です。

むしろ、**商品の魅力を熟知し、大好きなベテランほど、陥りやすい罠ともいえます。**

ベテランのセールスパーソンは、「一を聞いて十を知る」という具合に、お客様の話を一言聞いただけで、「あー、それは○○ですね」「これは、□□のようにすれば解決できます」と、すべてがわかっているかのように上から目線で話してしまいがちです。

これではお客様も説教されているようで、おもしろくありません。たとえ、素晴らしい商品・サービスでもあなたから買いたいとは思えなくなるのです。

商品・サービスに自信を持ち、魅力を伝えるのは大切ですが、それはお客様と打ち解けてきた後半になってからです。

セールスパーソンがまず目指すべきは、お客様の話を聞き、共感し、お役に立ちたいと考え、ゾーン状態になることです。

そうすれば、お客様の気持ちが肌でわかり、自分の商品・サービスを役立ててもらいたいという気持ちを湧き上がらせることができます。

商品・サービスに「足りない部分」があったらどうするか?

どんな商品・サービスも、お客様の声や時代の変化に合わせて改良し続ける必要があるものです。不足の部分があるからと言って、セールスパーソンがネガティブになったり、引け目を感じたりする必要はありません。

あなたは堂々としていればいいのです。

ただし、もしも自分が販売する商品・サービスに不足しているものがあることに気づいたら、それを放置したままお客様に販売するのはいけません。

その場合、**不足している部分はセールスパーソンであるあなたが補《おぎな》いましょう。**

私が以前、アメリカの教育教材の販売の仕事をしていた時のことです。

その教育教材はモティベーションに対して大変権威のあるプログラムで、日本に上陸してから有名経営者たちが活用し、その効果も上がっていました。

ところが、ご購入してくださったお客様の間で、活用度にばらつきがあることがわかりました。私はお客様を集めて多少のフォローアップもしましたが、それよりも当時は販売することに必死だったので、気になりながらも、置き去りになってしまったのでした。

そうすると案の定、私の中途半端な気持ちを反映して、私の売上がどんどん下がってしまったのです。

この状況を打開しようと、最終的に私が出した解決策は、今まで中途半端に行っていたお客様に対するフォローを、個別で1人ひとりに行うことでした。それも、無料で相手の会社や自宅に定期的に訪問をして行ったのです。

当時の仲間は、私の気が狂ったと思ったようです。しかし私は考えに考え、スケジュール的にも可能だという結論をもって、この無料フォローに乗り出したのです。

これこそが、私の仕事の成果が大きく飛躍するきっかけとなりました。

私はこのフォローで、お客様からの絶大な信頼を得ました。お客様自身がこのマンツーマンのフォローで教材の活用法がわかり、私のお客様全員の成果が上がったからです。

このマンツーマンフォローによって、私自身も学んだことが非常に多くありました。

個別で対応することによって、個々に悩んでいる点が違い、活用の指導点もすべて違うということがわかったのです。

もちろん、読者の皆さんが、私のようにマンツーマンフォローを無料で定期的に開始する必要はないでしょう。

ただ、**商品・サービスに不足を感じ、お客様に最高の満足を提供できていないと感じているなら、他の何かをプラスすることによって、お客様が喜びを得て、あなたが自信を持って提供できるような状態にしておくべきです。**

なお、これはそのあとでわかったことですが、セールスパーソンのお客様への商品説明が素晴らしいもので、お客様がぜひその商品・サービスを購入したいという気持ちができれば、そんなにフォローを行う必要もないというのが私の今の見解です。

それぐらい熱狂してお客様が商品・サービスを購入くださったら、お客様は自らその価値を得ようと活用しだすからです。

その時は、その価値を得ていただいているか、実感を確認するフォローアップだけで充分になってくるのです。

お客様の感謝の声はセールスパーソンを勇気づける

商品・サービスを活用しているお客様の感謝の声は、セールスパーソンに絶大な自信を与えます。

その声を集めれば集めるほど、商品・サービスに対して、自信が強まり、確信や信念になるのです。

セールスパーソンが本来提供しているものは、商品・サービスの価値です。

価値とは、使った時にお客様が得るメリットであり、利益なのです。それを感じたお客様はそれを提供してくれたセールスパーソンと会社に感謝します。

お客様の声を聞けば聞くほど、セールスパーソンは、商品・サービスを使って喜んでいるお客様のイメージを描けるようになり、新しいお客様に対しても「きっと喜んでいただける」という確信が持てるようになります。

これについても、私の先ほどのフォローの体験がお役に立つでしょう。

本来、教育教材を活用して、その価値を得て喜んでもらうために始めたフォローでしたが、成果が出始めると、フォローに行く先々で感謝の言葉を直接聞けるようになったのです。

そのような状況になった時に、思わぬ余波が出始めました。

私の営業での契約率が極めて高くなったのです。

今まで新規営業の契約率が30％だったものが50％を超えてきたのです。紹介での成約率に至っては１００％近くになってきました。

それ以降も、お客様の成果と感謝の声を聞けば聞くほど、強力になってきました。

そして、自分の中に不動の信念が培われるようになり、お客様からネガティブなことや、マイナスのことを言われようと、動じない自分自身になってきたのです。

もし、商品・サービスの分析をして、まだ自信を持てなければ、お客様の感謝の声を集中的に聞いてみるといいでしょう。

お客様の生の体験の声は強力な説得力を持っていて、強力にセールスパーソンを元気づけるものなのです。

この場合に気をつけるのは、**まずは成果を上げているお客様の声を聞く**ということです。

そんなに成果を上げていないお客様は後回しにして、成果を上げている人の話を聞いて、自信を持てたあとで、他の人たちの話を聞きに回りましょう。

お客様の声を聞かせてもらう活動は、喜びの声であなたのイメージを作り、ゾーンに入りやすくするためだからです。

売上トップの先輩の話を聞きに行く

売上を伸ばしている仲間や、先輩あるいは後輩がいるなら、すぐにでも彼らの話を聞かせてもらいましょう。

すでにセールスで実績を出している人たちのやり方や方法を学ばせてもらうことは、とても効果的です。

優れたセールスパーソンは、何かしらの秘訣を意識的、無意識的に持っています。

売上を上げるには、必ず理由や原因があるのです。

あなたにとって、それはまさに実践の教科書です。

あなたの手を伸ばせば届くすぐ隣にあるのです。それを学ばないわけにはいきません。あなたを光り輝かせる材料がいっぱい落ちているのです。

私はセールスパーソンとして活動し始めた30年前からこれを行っていました。

アメリカの教育教材の大阪の代理店の単なるセールスパーソンの1人だった時から、

全国のセールスパーソンが集まるイベントや勉強会などに出た時は、販売実績の高いセールスパーソンを事前にチェックし、自ら積極的に名刺交換に行き、その秘訣を教えてもらいました。

地元に帰ってからも、必要であれば、電話をかけて話を聞いたり、そのトップセールスの地元に出かけてまで聞いたりしました。

私の姿勢を見て、ものすごく積極的な人だという人もいましたが、私にとっては、必死の行為でした。むしろ、なぜ他のみんなはそれをしないのかが不思議でした。

私はそれらの秘訣を自分なりにまとめ、具体的なトークに落として、事前に練習し、成果を上げてきました。

このようなことを行うことで、私はお客様との面会前に、すでに面会への自信を持てるようになりました。

お客様に会った時から良いイメージを持てるようになり、お客様との話し合いの中で、ゾーンへと入り込めるようになり、お客様の気持ちをわかりながら、効果的な提案ができるようになるのです。

この姿勢は今も変わりません。

現在、さまざまな企業でセールスパーソンに営業研修を実施するのが私のメインの仕事ですが、研修に入る時に必ず行うのが、その会社のトップセールスを集めてのヒアリングです。

その人たちは、その会社で成績を上げるための秘訣、つまりやり方と方法を持っているのです。特に、具体的なお客様へのトークスクリプトなどは現場で使っている生の情報です。

それを私なりに分析し、加工した上で、研修に臨みます。

そうすれば、その会社の効果的な方法を最初からわかる状態で指導ができます。いち早く成果を上げることができるのです。

第四章のまとめ

- ゾーン状態に入るには、お客様に会う前にしっかり自分が紹介する商品・サービスを調べ、良さを確認しておくことが大切
- 具体的な方法として「実際に使う」「カタログを熟読する」「開発者、創業者の思いなどを調べる」がある
- 商品・サービスに自信を持ちすぎると、お客様にとって「押し付けがましい売り方」になるので要注意
- もし商品・サービスに「足りない部分」があった場合、セールスパーソンがお客様へ自信を持って勧められるような何かをプラスしたり、サポートをしたりするべき
- 優れたセールスパーソンの話を積極的に聞きに行き、トークスクリプトやノウハウを積極的に学ぶ

第五章

STEP 2

「ポジティブなものの見方」を作る

相手を信じていると相手からも信頼される

「やさしそうな人だな。周りに愛情をそそいで生きてきたんだろうな」
「厳しさがある感じだ。きっと責任を持って生きてきた人なんだ」
「良さそうな人だな。人を大事にして生きてきたんだろうな」

面会した相手の印象がどのようなものであろうと、セールスパーソンにはこのようなポジティブな反応が必要です。

どのような人に出会おうと、どのような対応をされようと、どのような第一印象であろうと、この態度がなければ、お客様と友好な関係を作ることができません。

お客様への友好な態度こそが、「売る」という行為を成功させる上で、まず第一に、何よりも必要なのです。

この態度があれば、セールスパーソンの第一声の言葉を、お客様は自分に対する愛情ある言葉として受け取り、お客様はセールスパーソンに好印象を持つのです。

それが、互いの関係をさらに促進し、どんどん親密な関係へと進んで行き、短時間でも何でも本音で語れるようになっていくのです。


これはセールスパーソンの持つ空気であり、雰囲気によるものです。


セールスパーソンから醸し出される雰囲気こそが、お客様との面会で、即座にゾーンを作らせ、営業・販売を成功させる鍵です。

では、どのようにすれば、セールスパーソンはそのようになれるでしょうか？

じつは、それらの雰囲気、空気は、訓練次第で作り上げられるのです。


「人は自分の内側に見ているものが外側に出る」という言葉があります。これは、自分自身が「内側に見ているもの」、つまり「自分の見方、感じ方、考え方」が表現されるということです。

その人の表情、言葉の表現のはしばしに出ているということです。

「どんな人も豊かな能力を持っていて、愛にあふれている素晴らしい人ばかりなのだ」と思って人と接していれば、相手は心を開きやすくなります。

セールスパーソンが前者の見方、感じ方、考え方なので、どんな人に出会おうと心を開いた姿勢になり、あたたかな接し方をするからです。

「人はそれぞれ自分の能力に限界があり、信用のおけない人も多い」と思って人と接していれば、相手は心を閉じやすくなります。セールスパーソンが会う時には警戒心を持っているからです。


この「人は自分の内側に見ているものが外側に出る」は「**人は自分の内側に見ているものを外側に見る**」という形にも展開します。

自分自身の見方、感じ方、考え方で、お客様を見るのです。

セールスパーソンがお客様を「愛にあふれた素晴らしい人」と思えば、お客様の表情、雰囲気から、「お客様は私を好意的に思ってくれている」と思えます。

ところが、セールスパーソンがお客様を「信用のおけない人」と思っていると、お客様の表情、雰囲気から「このお客様は大丈夫だろうか」「このお客様は私を疑っている」と思ってしまうのです。

ここからどのような関係や会話になるかは想像できます。

セールスパーソンにとって、お客様と出会う前の人に対する見方、感じ方、考え方が非常に重要です。

そのこと自体で、その商談の成功、不成功が決まってしまうぐらいなのです。

さらに言えば、**お客様と出会う前どころか、日常におけるものの見方、感じ方、考え方が、モノを売る時の成功・不成功を決めているのです。**

なぜなら、私たちは日頃の見方、感じ方、考え方、それに伴う行動の90%以上は無意識に行っているからです。意識してできるのは10%以下です。

普段から相手のネガティブな面が目につく人が、営業の時だけポジティブな面に目が行くようになれるわけがありません。

普段のあなたの見方、感じ方、考え方が、モノを売るシーンでも表情、雰囲気、態度に出てしまい、それをお客様は感じてしまいます。

自分の見方、感じ方、考え方で相手の反応は変わる

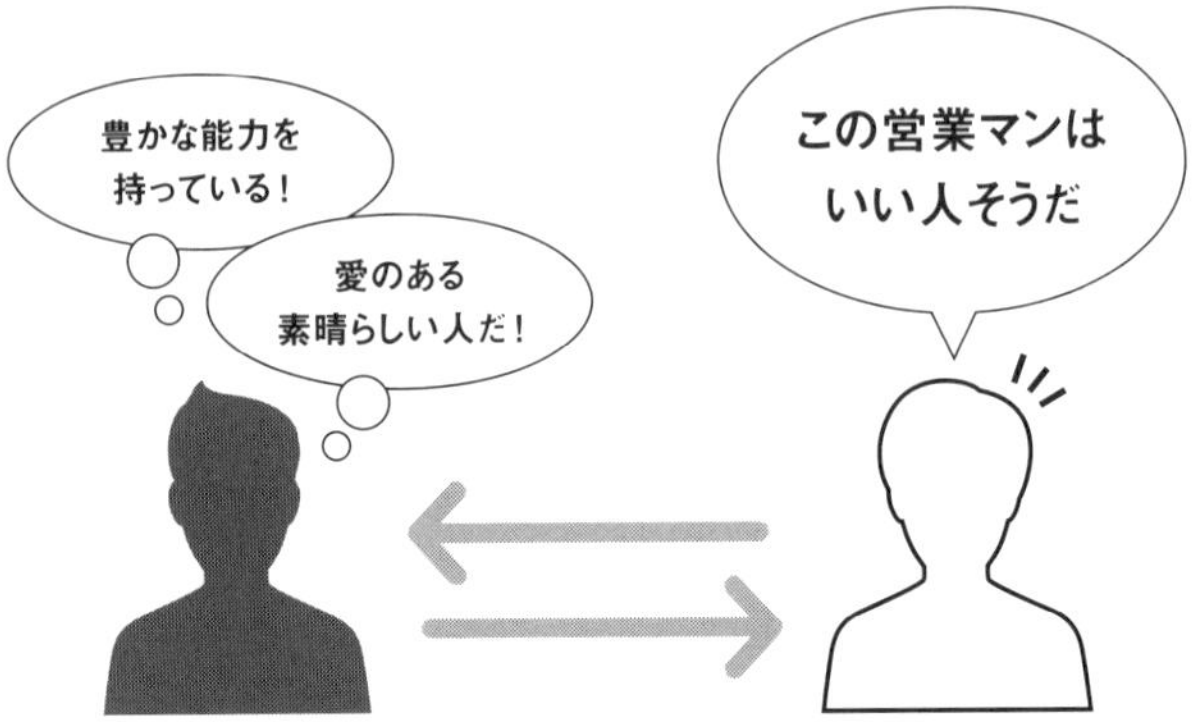

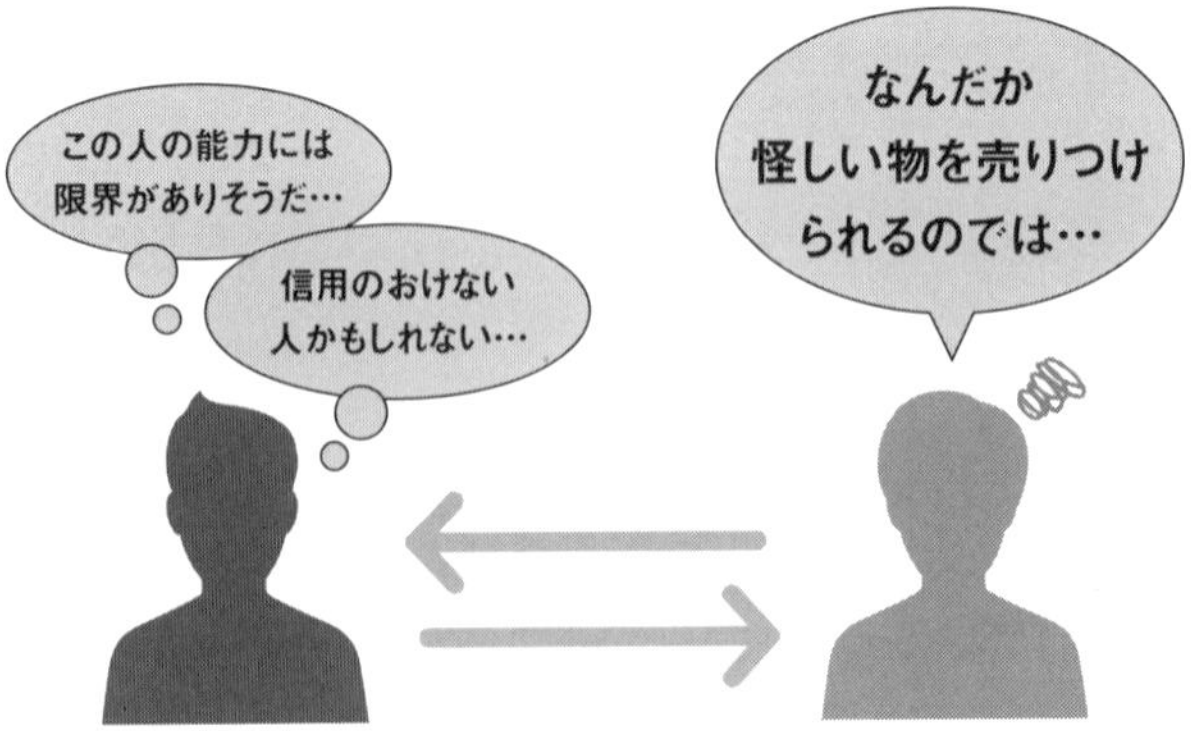

ポジティブなものの見方はメンテナンスが必要

セールスパーソンにとってもう1つ重大なことがあります。

生まれつき愛にあふれたものの見方をしていても、いろいろなことを経験すると、そうしたものの見方に陰りが出てくるということです。

いくらセールスパーソンが「どんな人も豊かな能力を持っていて、素晴らしい人ばかりだ」と思っていても、現実にはそのような状況、人ばかりに出会えません。

自分が好意的態度を示しても、お客様が疑り深く、警戒心が強い場合があります（ただ、これはお客様自身の問題だけではなく、お客様が今までに接してきた人や、他のセールスパーソンの態度で作り上げられたものも多いのです）。

人間は、本来弱いものです。

周りから、人から、どうしても影響を受けるのです。

それらに影響を受けず、セールスパーソンが好意的な態度を持ち続けるには、「どんな人も素晴らしい人だ」という見方、感じ方、考え方を持つトレーニング・メンテナンスをする必要があるのです。

そうすれば、セールスパーソンは日々、どんなにネガティブなお客様の相手をしようと、どれほど多くのお客様に接していこうと、いつも愛にあふれ、好意的な態度を示し続けることができます。

そしてお客様も、そのセールスパーソンに影響を受けて、好意的な態度を示すようになるのです。

そのようになれば、仮に、他のセールスパーソンにいい態度を示さないお客様であろうと、そのセールスパーソンには、なぜか好意的な態度を示すのです。

このような自分自身を作り上げるために、非常に効果的な方法があります。

それが**アファーメーション**です。

アファーメーションとは、**「自分自身に語りかける肯定的な言葉」**という意味ですが、簡単に言うと「自己暗示」です。

自己暗示というと、何か催眠術的な怪しい印象を受けるかもしれませんが、決してそうではありません。

自分自身がブレないように、常に自分自身が持っていたい見方、感じ方、考え方を言い聞かせておくということです。

そうしないとあなたは知らぬ間に、日々、少しずつ社会や他人から影響を受け、そのような見方、感じ方、考え方に染まってしまいます。

つまり、「他者暗示」にかかってしまうのです。他者の暗示にかかってしまうくらいだったら、自分が持っていたいものの見方、感じ方、考え方を言い聞かせておいたほうがいいはずです。

音楽と文章で自分のやる気を高める

「なんか、やる気が湧いてきたな！」
「今日も最高！　頑張ろう！」
「今日はどんな人に会えるか楽しみだ！」

アファーメーションはあなたの日常をこのような気分にしてくれます。楽しく、幸せな気分にしてくれるものです。

私は、これをもう30年以上、日常の習慣として使っています。

といっても、何も特別なことをやるわけではありません。あなたも日常で使っているのです。

たとえば、**あなたの好きな言葉、音楽、本、ポエム、絵、文字、道具のすべてがアファーメーションになります。**

あなたの見方、感じ方、考え方を後押ししてくれるものがアファーメーションなのです。

あなたはそれらをなぜ好きなのでしょうか？

それはあなたの価値観に合うからです。

自分自身の生き方や考え方と何か共通のものを見出し、自分を勇気づけてくれるからです。

あなたはこれらの物によって、自分自身を勇気づけ、少しでも自信を持って、今日を生きようとするのです。

その意味で、**アファーメーションをまったく使っていない人間というのはこの世には存在しません。**

私がアファーメーションで特に使っているのは、文章と音楽です。

文章は、私のビジョン、ミッション、私の35年間の歴史。そして5年、3年、今年、今月単位の目標等です。

私はこれらを毎日、ノートに書き込んでいます。

Ａ５サイズに４枚書くのが日課です。時間にすれば、毎日15分。書けなければ、翌日に２日分書くなどの調整をしています。

これらの目標は私の人生、日々における「目印」です。

目印があるのでそれに向かって、１ミリでも前に進みます。目印がなければ、そこに向かって進むことはありません。

達成も大事ですが、それに向かって日々進んでいることがもっと重要だということに、私は20年前に気づきました。

その目印を常に意識するために「書く」ということを行うようになったのです。

その時に、アファーメーションを補強してくれるのが音楽です。

中でも私が30年以上聴き続けている曲があります。私のテーマ曲です。

「FORGOTTEN SAGA」「Twilight In Upper West」（T-SQUARE）、「シルクロード」（喜多郎）の３曲です。

この曲を、目標を書く時などに聴くのです。そうすると自分がその目標に向かって進み、達成しているイメージが浮かびます。

他にもストレッチや作業をする時に聴き、気分を盛り上げています。一日4、5回はかけますから、おそらく今までに10万回以上は聴いているでしょう。

その曲をかけるだけで、自分の気分が上がるのです。最近は「Snow and then」（工藤隆）という曲にもはまっています。

このようなアファーメーションがあなたの日常の推進エネルギーになります。

ぜひともアファーメーションをご活用ください。

セールスパーソンに効果のあるアファーメーション

ここで、セールスパーソンに効果のあるアファーメーションをご紹介しましょう。

簡単なものであれば、営業の目的である言葉「お役立ち」の一言で充分です。

「お役立ち！　お役立ち！　お役立ち！」

と何回も言うのです。

少し短すぎるというのであれば、

「お役に立ちたい！　お役に立とう！　お役に立つことができる！」

などがいいでしょう。

以前に当社の営業セミナーでこれを紹介しました。

そのフォロー研修で再び集まった受講者の中で、「営業の技術はまだまだですが、この『お役立ち』を一日中唱えていたら、なんと！　どんどん売上が上がってしまいました！　その効果を感じて興奮しています！」という声がありました。

これが事実なのです。

自分の見方、感じ方、考え方を「お役立ち」に集中させると、そのような雰囲気、言動、表現、行動でお客様に接するようになります。

お客様もセールスパーソンに反応し、警戒心や猜疑心が消え、いい商談になるのです。ですから、当然の結果とも言えるのです。

このように見ると、いかにお客様と出会う前の心構えが重要かわかるでしょう。

出会う前の心構えをアファーメーションでコントロールするのです。

あなたがお客様とのコミュニケーションで実行したい見方、感じ方、考え方、行動や、その中で忘れてはいけないこと、苦手なことの克服法などを自分に言い聞かせればいいのです。

たとえば、

「私は売ることよりもお客様のお役立ちに徹する！」
「お役立ちに徹すれば、お客様は買ってくださる！」
「私は今から会うお客様に役立つために、しっかり話を聞く！」

「私はお客様と会って話し始めた時に、お客様の話をイメージする！」

「私はお客様との話で感情移入した共感をしっかり行う！」

などです。

朝には、自分の仕事を含めた目標のアファーメーションを唱え、それ以降、電話や面会などでお客様に接する時は、この自分が気に入ったアファーメーションを唱えるのです。

そうすれば、あなたは目標を心の奥にしっかり持ちながら、お客様とは自分が接したい姿勢で接し、お客様のお役に立ちながら、結果として目標を達成するようになるでしょう。

あなたの目標とお客様へのお役立ちがアファーメーションによって、あなたの中でうまくコーディネイトされていくのです。

私が勧める最強のアファーメーション

じつは営業で使って、私が大きな効果を得て、常にセールスパーソンに伝えているアファーメーションの文章があります。

これは『偉大なるセールスマン』（オグ・マンディーノ著、菊池光訳／ダイヤモンド社）の一節です。この本はすでに絶版になっており、現在は『世界最強の商人』（角川文庫）他として発行されています。

偉大なるセールスマンになるための十巻の巻物というのがテーマであり、本の中ではその十巻の内容が書かれています。

私が熱心に活用したのは第一巻「習慣」と第二巻「愛」です。特にこの第二巻の「愛」はセールスパーソンにとってもっとも重要な内容です。

この文章は、じつにうまく構成されています。

「わたしは今日のこの日を、愛情溢《あふ》れる気持ちで迎える」

という項目の後に、

「では、どのようにそれを実行するのか？」

「では、どのような口のきき方をするのか？」

「では、どのような心の持ち方をするのか？」

「では、他人の行動にどのように反応すればいいのか？」

「では、出会う人にどのように話しかければいいのか？」

というような具体的な見方、感じ方、考え方、行動となる示唆が与えられています。

そして最後は、

「今日から、わたしは全人類を愛する」

「愛をもって売り上げを百倍にし、偉大なセールスマンになるのだ」

「わたしは、今日この日を愛をもって迎え、そして成功するのだ」

と結んでいます。つまり、**具体的にセールスパーソンがどうすればいいかの方向を示してくれている素晴らしいアファーメーションなのです。**

本書では特別に、この部分を全文記したデータをプレゼントします。ぜひ、毎日唱えてみてください。

アファーメーションは一生やる必要はない

最後は、アファーメーションの効果的な活用方法です。

同じく『偉大なるセールスマン』の中の巻物の第一巻「習慣」に、その方法が書かれています。

ここには、巻物の1巻ずつを1日3回読みなさいと書いてあります。朝起きたら読み、昼食を終えたら読む。そして、最後は就寝する直前にもう一度読めと書いてあるのです。

第二巻の「愛」の巻物であれば、1回読むのに約7分かかります。そして、それを1か月30日間続けろと書いてありました。1日3回30日間ですから、約100回読むということです。

そうすることで、この文章の内容があなたの見方、感じ方、考え方に沁み込み、溢れ出し、行動に自然に表れてきます。

何か洗脳のように見えるかもしれませんが、そうではなく、あなたの良い部分の見方、感じ方、考え方で反応できるようにしておくということです。

私たちには、「愛」の部分もあり、「無関心」の部分もあります。どちらもあるのが人間なのです。

でしたら、その良い「愛」の部分を引き出しておこうということです。

では、このことにより、どのようなことが起こるのでしょうか。

①**常にそのような見方、感じ方、考え方をしていると、起こる出来事、出会う人々に対してそのような見方、感じ方、考え方を自然にするようになる。**

②そのような捉え方から行動が始まり、良い結果を生み出す。

③その結果を見て、実感して、今度はさらに勢いづき、ますますそのような見方、感じ方、考え方を意識的にするようになる。

④そうすると、さらにそのような行動、結果が出る。

⑤このようなことを繰り返し、結果、その見方、感じ方、考え方は習慣となり、自分のものとなり、当たり前になる。

⑥もちろん望んでいる行動とその結果も手に入れられる。

事実、私は当時、第一巻と第二巻の文章を繰り返し、100回以上読みました。そして、自分の中から「愛」の部分の見方、感じ方、考え方が引き出され、常にそのように見て、感じ、考えるようになりました。

それ以来、すべてのことをアファーメーションするようになったのです。朝、目標を書きだす習慣もここから始まりました。

そして、もう1つの重要な点があります。

このアファーメーションは、一生やる必要はないということです。

あくまでもあなたの反応として、当たり前になるところまでやればいいのです。そうなれば、あなたの血肉になっていて、反応として持つようになります。

自動車免許を持っている人が改めて、自動車の運転を習う必要がないのと同じです。日常で調子が悪くなった時や、その見方、感じ方、考え方の強化が必要な時は、不定期的にアファーメーションを思い出し、唱えればいいのです。

第五章のまとめ

- お客様を信頼する姿勢を持っているセールスパーソンはお客様から信頼される、ポジティブなものの見方を身につけている
- ポジティブなものの見方を身につけるのに効果的な方法がアファーメーション。文章や言葉、音楽などで続けることでものの見方が変わっていく
- アファーメーションは習慣化できたらずっと続ける必要はない。ただ、ものの見方が揺らいできたらメンテナンスをする意味でやればいい

第六章

STEP 3

お客様の話を促し、共感する

最初の発言は堂々と、でも穏やかに

ここまでの章は、お客様に会う前の段階の話でした。いよいよ、お客様との面会で、ゾーン状態に入るための具体的な方法をお伝えしていきます。

あなたはお客様へのお役立ちのために訪問しました。売り込みではありません。あくまでもお客様のお役に立つと思い、訪問するのです。

ですから、「専門アドバイザー」「自社の代表」のつもりで、堂々と訪問すればいいのです。

私が訪問時の指導でセールスパーソンにいつも注意することがあります。**足元のかかとをそろえること。そして、背筋をピンとしっかり伸ばし、腰から曲げて、軽く会釈すること**です。

別に元気はいりません。大声もいりません。それよりも大事なのは、あたたかく、やさしい雰囲気で、お役立ちの気持ちがあればいいのです。

担当者が出てきたら、次のように挨拶し、話します。

「今日はお時間ありがとうございます。○○会社の△△です」

と名刺を出し、堂々と名乗りましょう。

「私どもの省力化のお話に来させていただきました」

と目的を伝えます。

「省力化についてはいろいろお取り組みですか?」(「そうですね」)

「どのようなことをお考えですか?」(「できたら、効果を上げたいですね」)

「でしたら、私どものお話しがお役に立つと思います。お時間大丈夫ですか?

お話しできる場所はありますか?」

このように、

①目的を伝える。

②自社の分野についてどのように考えているかを聞き、役立つことを伝える。

③時間の確認をして、場所の確保をする。

これらをパターン的に行います。トークスクリプトとして、用意しておくのです。

この時に大事なことは、あなたの雰囲気と、堂々とした対応の仕方です。

すでに事前のアファーメーションによって、**「お役立ち魂」**を持ち、訪問していれば、これができるようになっているはずです。

繰り返しますが、あなたは物売りでも、御用聞きでもないのです。

ペコペコする必要もないし、へりくだる必要もありません。もちろん、上から目線で偉そうにする必要もないのです。

どこまでも、お役立ちの気持ちを持って、フレンドリーに、あたたかく、やさしく会話をすればいいのです。

お客様との間に「和み」を作る

担当者が出てきたら、コミュニケーションが始まります。この時に注意していただきたいのが、会話のテンポとリズムです。これについては、第二章を参照してください。

コミュニケーションにおける「話す内容」と「雰囲気・テンポ・リズム」の重要度の比率は3：7です。圧倒的に雰囲気・テンポ・リズムのほうが大事です。

先ほどの入口の会話をその表現を入れて、書いてみましょう。

「今日はお時間ありがとうございます。○○会社の△△です」
「私は□□会社の△△です」
「ありがとうございます。お会いさせていただき、うれしいです。私どもの省力化のお話に来させていただきました」

「はい」

「省力化についてはいろいろお取り組みですか？」

「そうですね」

「・・・・・・・そうですよね。大事なことですからね。どのようなことをお考えですか？」

「・・・・・できたら、効果を上げたいですね」

「・・・・・なるほど、そうですよね。でしたら、私どものお話しがお役に立つと思います。お時間大丈夫ですか？」

「・・・・・はい、いいですよ」

「・・・・・・・ありがとうございます。お話しできる場所はありますか？」

「・・・・・・こちらへどうぞ」

「・・・・・・・ありがとうございます」

最初の話でお客様と和んだ状態になると、さらに場所を移動し、座っての会話が始まります（立ったまま「ここで話してくれ」と言われた場合は、立ち話でも問題はありません）。

ここからが、セールスパーソンの腕の見せ所です。

初めてお会いしたお客様（もちろん、ルート営業で何度もお会いしていても構いません）と心から打ち解けて、本音の真剣な話し合いに持って行くには、あなたがそれに値する相手だと思ってもらわなければなりません。

そのためには、お互いのことをわかり合う必要があるのです。

「こんなに和んだ時間は初めてだ」

「なんか、初めて会ったとは思えない感じだ」

「あなたに、なんか自然にしゃべっていたな」

と思われれば最高です。そうすれば、

「一度、この部分については、真剣に考えたいと思っていたんだ」

「今日は○○の件で相談にのってもらえるかな？」

「ここだけの話なんだけど……」

などの会話になっていくでしょう。

そのためには、セールスパーソンはお客様と一度の出会いで、一気に関係を深めなくてはなりません。30分も話すうちに、「あなたみたいな人がいたんだ！　私はあなたと会えてうれしいよ！」と相手が立ち上がってガバッと抱きついてくる。

こんな関係になれば申し分ないでしょう（日本人は表現下手ですから、そのような気分になっても、このようにはならないとは思いますが）。

こうした関係になるための方法があります。

それは、**仕事とは関係ない極めて個人的なことを聞くことです。**

これを知っているのは、じつは親友ぐらいです。

親友には本音が出たり、相談を持ち掛けたりするもの。そのために、お客様のパーソナルなことを聞くことです。名刺などから名前に注目し、担当者なら「この会社で何年になるのか？」「なぜ、この会社に入ったのか？」、経営者なら「創業は何年か？」「なぜ、会社を興したのか？」という質問から、パーソナルな部分に入ります。

既婚か、独身か、家族、出身地、今までに取り組んできた趣味、スポーツ、そして、今までのヒストリーなどがこれに該当します。

この話で、お客様の今までの人生が見えてきます。その人の歩んできた道、人生をあなたのスクリーンにその人のドラマとして描くのです。

1人ひとりの人生に同じものはありません。その人が命を授かり、両親の愛に育まれ、小さな子どもの頃から、いろいろな経験をしてきて今があるのです。

そのベースになっているのが、**お客様の「生き方」「考え方」**です。じつは、セールスパーソンはこれを聞くことがとても大事なのです。

相手からそんなことを聞かせてもらい、その人の「生き方」「考え方」の片鱗を見せてもらったら、あなたは間違いなく**「いい人だなー」「こんな方と出会えてうれしいなー」「これからこの方と付き合っていきたいなー」**という気分になるからです。

このような状態になった時に、個人的関係でゾーン状態になるのです。

コミュニケーションにおけるゾーンは「極度の集中状態で、自分自身の思考や感情を忘れ、相手のことに没頭している状態」です。

お客様の話に「興味・関心」を持ち、「個人的な質問」をして、お客様の今までの生き方や考え方が見えた時に、「素敵だな」「素晴らしいな」「いい人だな」「やさしい人だな」「厳格な人だな」「律儀な人だな」などの言葉があなたの内から湧いてきます。

ここからビジネスの話に入れば、お互いが本音で、真剣に語り合うことができます。互いのために話し合う場がビジネスになり、本当に生産的な場になるのです。

お客様の個人的なことを聞く時に便利な言葉

個人情報の開示についてとやかく言われている時代に、セールスパーソンが初めて会ったお客様の個人的なことや過去のことを聞くなんてもってのほか、なんて思っておられる人もいると思います。

ただ、**私は、モノを売り始めた30年以上前からずっとこれを行っていますが、怒られた記憶はありません。**

むしろ、「あの人の趣味の話を聞いてすごさを感じたな」「あの人の旅行の話を聞いて楽しかったな」「あの人の経験を聞いて涙が出たな」「あの人の家族への愛情を聞いて感動したな」という思い出ばかりです。

もし、個人的なことを聞いて、「それに関しては……」と言われる方には、「失礼しました。○○様にとても興味を持ちましたので」

といって話題を本筋に戻せばいいだけです。

では、どのように個人的なことを聞けばいいのでしょうか？

先ほどの名刺交換からの場面をさらにくわしく見てみましょう。

挨拶をして、面会の目的を言って、時間と場所を確保しました。

ここで、名刺を見て、「ところで」という言葉で始めればいいだけです。

この「ところで」という言葉は話の切り替えに非常に役立ちます。


「ところで、お名刺を拝見しましたが、下のお名前はなんてお読みするのですか？」

「〇〇です」

「そうなんですね。いいお名前ですね。このお名前の由来は何かあるのですか？」

「父が〇〇のようにと、つけたようですね」

「そうなんですか。お父様の愛情を感じますね。お父様はどのような方なんですか？」

「父は厳格で〇〇のような人でしたね」

「そうですか。だから、〇〇というお名前なんですね。ますます、お父様の〇〇様への愛情を感じますね。ところでご出身はどちらですか？」

などと、つなげていきます。

また、会社のことから入る場合もあります。

「ところで、この会社名（名刺を見て）にはどのような意味があるのですか？」

「〇〇という意味ですね」

「なるほど。そういう意味なんですね。なぜ、そのような会社名をつけられているのですか？」

「創業者が〇〇だったんですね。そこで、〇〇ということを会社名に入れたみたいです」

「それは素晴らしいですね。まさに、その思いが、今に続いているのですね。ところで〇〇さんは、いつこの会社に入られたのですか？」

「〇〇年前ですね」

「そうなんですね。まさに会社が発展される時期ですね。そういう中で、〇〇さんは、随分活躍されてきたのでしょうね。だからこそ、現在も会社でも重要なお立場でいらっしゃるのでしょうね。ところで、なぜ、この会社に入られたのですか？　どのようなきっかけですか？」

このように「ところで」を使い、話題を切り替えるのです。

そして、相手の話をイメージしながら、興味・関心を掻き立てましょう。あとはイメージを完成させるように質問していけばいいのです。

この時に注意する点は、会話の主導権を取るようにすることです。

席に案内されたら、座った瞬間にこのようなことを質問します。

セールスパーソンが主導権を取らないと、お客様のほうから質問が始まってしまうことがあります。

そうすると、お客様ではなくセールスパーソンのほうが答えなくてはならなくなってしまいます。

お客様の未来の展望を聞き出す時に便利な言葉

目の前のお客様の「生き方」「考え方」や会社のことがわかったあなたは、会社やお客様の未来について、話を展開します。

この時に使う言葉が「そういう中で」です。

これは「今までのお話はよく理解しました。それを踏まえた上で……」という意味です。「そういう中で」と言うと、テンポとリズムがつかみやすいのです。

よく、相手の話をまとめてしまうセールスパーソンがいます。聞いたことが間違いないかを確かめる上で、よくやる手法ですが、しつこくなる可能性が高いのであまりよくありません。内容が詰まっている場合や、ややこしい場合のみに使うほうがいいでしょう。

また、「そういう中で」という言葉にはもう1つ、メリットがあります。お客様の思考を止めないのです。

お客様に質問すると、答えてくれます。

その時にお客様もイメージを持って話しているのです。

そのイメージは止めずに、話してもらうことが重要です。「そういう中で」の一言で、イメージを持ちながら、スムーズに次の展開に持っていけるのです。

では、どのように「お客様の未来」について、聞けばいいでしょうか?


「いろいろ聞かせていただき、ありがとうございます。いやー、○○様（社長）の活躍はすごいなと思いました。そういう中で、お仕事のこれからについては、現ポジション（社長として）でどのようなお考えをお持ちなのですか?」


と言えばいいのです。

そして、**未来のイメージをしながら、「それは具体的にどのようなことですか?」「たとえば?」「なぜ?」などの質問を使って、具体的に聞いていきましょう。**

この未来の内容を聞かせていただいた時に、あなたの気持ちはさらに深まり、「何か私がお役に立てることがあれば、させていただきたいなー」に変わるのです。

お客様に現状と課題を直視してもらうための言葉

あなたはお客様の過去から未来について、聞かせてもらいました。それだけでもあなたのイメージは膨らみ、ゾーン状態を深めていると思います。

そこで、次は「そういう中で」という言葉とともに、現状とその課題についても聞いてみましょう。


ここからは、お客様に「現実を見ていただく」つまり「現実に直面していただく」ということが重要です。


過去は今までのこと、未来はこれから作り上げたい将来のことです。問題はそれを踏まえ、現実に行動を起こし、進んで行くことです。これには、決断し、行動するエネルギーが必要です。

現実を直視すればするほど、行動を起こさなくてはという気持ちになります。

「またあとで」「そのうちに」と言葉を濁していれば、動かなくてもよくなります。

私たちが使うこの2つのフレーズ**「またあとで」「そのうちに」**こそが、問題です。

この言葉によって、私たちは、人生でやらなければいけないことを遅らせ、手に入らない理由を「世間」「他人」「環境」のせいにしたりするのです。

重要なことは**「現実を見る」「直面する」**ことです。

お客様の目をしっかり見つめて、逃がさないように言うのです。

ただし、言葉はそれとは裏腹に柔らかく、やさしく言うことが必要です。


「そういう中で、現状はどのような感じですか？」

「そういう中での課題は何ですか？」


と質問します。そして、「それは具体的にどのようなことですか？」「たとえば？」「なぜ？」などの質問を使って、具体的にすればいいのです。

そうすれば、あなたは過去、未来の次に、現実を聞かせてもらい**「これは私もお手伝いさせてもらわなくては」**という気持ちに変わるのです。

つまり、お役立ち魂に火がつくのです。

第六章のまとめ

● お客様とのコミュニケーションが始まったら、「ところで」という言葉をうまく使って、お客様の個人的なこと、考え方を聞いていく

● お客様の考え方がわかったら「そういう中で」という言葉を使って、今後の展望（どうしていきたいと考えているのか）などを聞いていく

● お客様に「またあとで」「そのうちに」と言わせないために、現状と課題について直視させ、質問をすることでその課題を具体化させていく

第七章

STEP 4

お客様の欲求・課題を聞き出す

お客様の欲求を聞き出すきっかけの言葉

いよいよ最終段階です。

ゾーン状態を用いたモノの売り方におけるクライマックスです。

その時に、入口としてこの言葉があります。


「そういう中で、私どもの分野についてはどのようにお考えですか？」

（分野とは、経費削減・教育・住まい・保障・休日の過ごし方など自分が提供しているもの。たとえば、保険なら「保障」。住宅・リフォームなら「住まい」）


決して、売りつけようとしているわけではありません。

何とか話の筋道を商品・サービスの販売に結びつけようとしたり、この商品・サービスを欲しがるように持っていこうとしたりしたわけでもないのです。**お客様との関**

係を作りながら、話を聞いてきた時にここにたどり着いたのです。

確かに最初は「私どもの分野について、どのようにお考えですか？」と聞きました。

それについては「考えている」という返事をいただきました。

だから、この面会が成立したのです。

そして、セールスパーソンとお客様の会話が始まりました。

ただ、ここからが違います。

単に物を売るのではなく、そのお客様とはせっかく一期一会《いちごいちえ》で知り合ったのです。

そこから交流が始まり、互いのことを話し、聞いているうちに、不思議な感覚に入っていったはずです。

現状を聞き、望むべく未来を実現しようとしている相手の気持ちを知った時に、「**お役に立ちたい**」という気持ちになったのです。

そうした気持ちから出てきた言葉が、「そういう中で、私どもの分野についてはどのようにお考えですか？」という言葉です。

この一言は、これまでの流れを踏まえてこそ意味があるのです。

この流れを踏まえたこの言葉は「まぎれもない真実の気持ち」「純粋な動機」なのです。

この時点で、セールスは、仕事を超えて、お役立ちのためのものであり、貢献へと切り替わっているのです。

まずはお客様の現状を聞く

商品・サービス分野に話が展開されたら、いよいよ、あなたの腕の見せ所です。**あなたは、その分野の専門家として聞いていくのです。**お客様の欲求・ニーズを実現し、問題・課題を解決するのです。

この時、売るという気持ちは一切ありません。ただただ、**目の前の人の役に立ちたいという一心です。**

そのような立場で、セールスパーソンはその分野における現状、欲求、課題、解決策と聞いていきます。

繊細にくわしく、ありありとその状況を描けるように聞きます。その状況は完全な集中した状態であり、最高に研ぎ澄まされた「ゾーン状態」です。

ここでもっとも聞き出したいのが、現状です。現状こそが、イメージするために必要な部分だからです。

「〇〇社長、そういう中で、私どもの分野の経費削減については、どのようにお考えですか？」**（現状）**
「やはり、売上の厳しい中、経費削減についても考えなくてはと思っていますね」
「なるほど。そうなんですね。現状は、どのような感じですか？」**（現状）**
「そうですね。いろんな見直しを行っている途中ですね」
「そうなんですね。どのような見直しを行っているのですか？」**（現状）**
「たとえば、会社で使う日常品・備品から、交通費、交際費などですね」
「なるほど。そうですか。では、その中で、電気などの光熱費についてはどんな状況ですか？」**（現状）**
「もちろん、見直しが必要ですね」
「なるほど。何かやっていらっしゃることはありますか？」**（現状）**
「事務員に今、調べさせているところですね」
「そうなんですね。結果は出たのですか？」**（現状）**
「いや、もう少しで出ると思いますよ」

「どのようになれば、いいとお考えですか？」**（欲求）**
「まずは、現状からそれぞれ10％削減できたらと思っています」
「なるほど。目標もおありなんですね。そのために必要なことは何なのでしょうか？　何が問題ですか？」**（課題）**
「やはり、削減意識だけでは無理かもしれません。もっと大胆な改革が必要かもと思っています」
「そのために何か考えておられるのですか？」**（解決策）**
「いろいろなところに打診をして、改革案を練ってもらっていますよ」
「そういうことですね。それで、私どものお話も聞いてみようと」**（解決策）**
「そういうことですね」
「よくわかりました。何とか、お役に立ちたいですね」

この会話の中で、質問していった内容・順番を整理しましょう。

①**現状**を特に重要視して、聞いていきます。現状の質問をしていくうちに、「**どのよ**

うなことをやっているのか？」「どこまでやっているのか？」などのイメージができていきます。

②現状をつかめたら、「では、この現状をどのようにしたいのか？」という**欲求**を聞きます。

③「それを実現するのに何が課題なのか？」という**課題**を聞きます。

④「その課題を解決するためにどのような**解決策**を考えたり、実行したりしているのか？」という解決策を聞きます。

順番に聞いていくだけで、現状のイメージから発展して、さらにイメージを進めることができるのです。

お役に立ちたいという気持ちを持って、その内容に集中すれば、完全に「ゾーン状態」へと入っていくのです。

真剣な質問はお客様自身の思考を促す

「そうなんですね。結果は出たのですか？」**（現状）**
「どのようになれば、いいとお考えですか？」**（欲求）**
「そのために必要なことは何なのでしょうか？　何が問題ですか？」**（課題）**
「そのために何か考えておられるのですか？」**（解決策）**

先ほどの会話の中で、セールスパーソンはこのような質問をしています。この質問は、一見、お客様を追い詰めるような厳しいものに聞こえるかもしれません。

しかし、じつはこの質問こそ、「ゾーン状態」が行わせるものなのです。

セールスパーソンはお客様のお役に立ちたいと思い、専門分野について、真剣に質問を始めます。

それが、結果として、お客様を現状、欲求、課題、解決策へと直面させることになっているのです。

セールスパーソンはお役に立つために、お客様の現状から順番にイメージしながら、質問をしていきます。

質問は、丁度、じょうごのように、広い入口の現状からどんどん入り、望んでいる欲求、実現するための問題の本質、解決の糸口を見つけ出すようにどんどん絞り込んで行っていきます。

ここでは、セールスパーソン自身が全神経を集中させ、その内容を見極めようとする姿勢がいるのです。


お客様が、どのような現状で、どのようなことを望み、どのようなことに困っているのか？

それをどのように解決に導くかという姿勢がいるのです。

これこそが、**専門アドバイザー**の姿勢です！

売り込むためでなく、その問題に対して、どのようにすればいいのか？

彼の専門分野に対するあらゆる知識や技術を総動員して、解決に導こうとする姿勢です。

この姿勢は、専門家である医者と同じです。診察の中で患者に起こっている状況をよく聞き分け、その中で問題を見つけ、治療したり、薬を処方したりする姿勢と同じなのです。

したがって、**質問したり、返答を受け止めたりする時、セールスパーソンは笑顔ではなく真剣な表情になっているはずです。**この時点で、セールスパーソンは完全に、専門アドバイザーに切り替わるのです。

それを行わせているものが「ゾーン状態」です。

丁寧にイメージしながら、質問をしていく姿勢に、お客様も一緒に考え、答えていくのです。

お客様にとっては、このように真剣に考えてくれるセールスパーソンに対して、自分自身もそれに応えるためにも問題に直面しようとするのです。

商品紹介前に絶対にすべき質問

「では、何とかしたいということですか？」**（お客様の欲求の確認）**
「それを解決する方法があればいいですね」**（解決策への欲求の確認）**

お客様の現状や課題を一通り聞き終えたセールスパーソンは、この2つの質問をします。

世のセールスパーソンには、この質問を飛ばして自分の商品・サービスを紹介し始めてしまう人もいますが、これはいけません。

まず、**「お客様自身が本当になんとか解決したいと思っているのか？」**を確認しなければいけないのです。

これは重要な質問です。

なぜならば、**解決に乗り出すのは、お客様本人なのです。**お客様自身が投資するのです。投資した後、お客様自身がやらなければいけないこともあるのです。そのための時間を取って行う必要もあるのです。

最終的に、**課題の解決に乗り出すのはお客様本人であり、セールスパーソンではありません。**ここが大事なところです。

もし、セールスパーソンが自分の商品・サービスを売りたいがために「なんでもしますます」などのニュアンスの言葉を吐いてしまうと、一気に状況は変わります。セールスパーソンは売りたいがために、お客様のしもべ、召使いとなるのです。

そうなると、お客様へのお役立ちの気持ちは消え失せます。

お役に立つとは、どこまでも「手助け」です。代わって請け負うことはできないのです。

ですから、お客様自身に、自分の課題を解決する気持ち、決意があるかを聞きましょう。これはセールスパーソンにとって勇気のいる質問です。

「では、何とかしたいということですか？」という最終段階の質問で、もしお客様が「NO」と答えたら、極論的にはセールスパーソンは立ち去らなくてはならないからです。

もちろん、柔らかく聞くことも必要でしょう。

ただ、どのように聞こうと、これがもっとも重要な質問です。

もしお客様が「YES」と言った場合には、その意思を持っている、何とかしたいと思っているということで、先に進めることはできるのです。


次にセールスパーソンが確認しなければいけないことは、**「それを解決する方法があればいいですね」**ということです。

これは、**セールスパーソンによる解決方法の提案を、お客様が望んでいるかを確認するための質問です。**

お客様自身の過去、未来、現在のことを知り、セールスパーソンの提案する分野で、解決したいというところまで聞きました。

解決策としての方法があることもセールスパーソンは感じています。「それを解決する方法があればいいですね」という裏にあるのは、**「私がその解決方法を持っています」**ということなのです。

もちろん、セールスパーソンが解決策を持っていなければ、この質問はできません。

もしそうであったら、

「今までお客様のお話を伺って、その解決策は当社にはありません。私の仲間でそれを解決できる人物がいますので、その人をご紹介しましょうか?」

ということになるのです。

ここで、お客様にYESと言っていただいたら、「じつは、それがありますよ!」「それができるんです!」「じつは、それが可能なのです!」という言葉で、クロージングしていくことができるのです。

これはお客様にとって、希望であり、助けであり、喜びです。

なぜなら、お客様のことを今まで現状、欲求、課題、解決策と聞いてきて、なおかつセールスパーソンが解決できる方法があると言っているわけですから。

その時こそ、商品・サービスを採用しよう、取り組もうと思っていただけるのです。

これらの状況は「ゾーン状態」の中でも最高に集中した状態で実現します。

お客様もセールスパーソンも、結論を出せる時なのです。

商品説明を手短に行いゾーンの真骨頂へ

ここまでの会話で、あなたは、

・お客様の欲求・課題

・お客様に解消の意思があること

・自分の扱っている商品・サービスで解消できること

を知ることができました。

セールスパーソンであるあなたは、ここから専門家として、解決に乗り出します。

この時に必要なのは、商品・サービスの説明ではありません。商品・サービスがお客様の欲求・ニーズの実現、問題・課題の解決に役立つことを示すことです。

セールスパーソンの会社や扱っている商品・サービスのことは手早く済ませ、すぐそのことに乗り出すのです。

セールスパーソンは資料・カタログの中から、お客様の欲求・ニーズの実現、問題・

課題の解決に関する部分を素早く開き、提案する商品・サービスがどうやってそれらを実現する、解決するかを示さないといけません。手早く説明し、その上で資料やカタログを読んでいただくといいでしょう。

どちらにしろ、**セールスパーソンのあなたがくどくどと説明する必要はないのです。**すでに事前の会話によって、何が問題で、何を解決しないといけないかを互いが納得したからです。

この状態での商品・サービスの提示は、カタログが光り輝いて見えるものです。お客様の欲求の実現、問題の解決をしてくれるものだからです。

セールスパーソンのそれに対する説明はまるでハーモニーのように聞こえます。

この状態こそ「ゾーン状態」の真骨頂です。その時間、雰囲気、空気、すべてが、セールスパーソンとお客様が協力して作り上げたものなのです。

この状態になれば、もはやセールスパーソンが手練《てれん》手管《てくだ》を弄《ろう》してお客様に決断を迫る必要はありません。お客様は自らの意思で、あなたの商品・サービスを購入してくださいます。

第七章のまとめ

- お客様に深く共感し「何かお手伝いをさせてもらわなければ」という心情になってから初めて自分の商品・サービスの話を持ち出す
- お客様の「現状」「欲求」「課題」を質問していき、「問題の本質」「解決の糸口」へと話の焦点を絞っていく。その際、必要なのは笑顔ではなく真剣な表情
- 具体的な商品・サービスの説明に入る前に、必ずお客様に「解決の意思」「自分の提案を受け入れる意思」があるかを確認する
- ここまで来たら、商品・サービスの具体的な説明は手早く終わらせて、お客様の意思決定を促す

第八章

シンプルな売り方は人生すら変えていく

「モノを売るのは苦しいこと」という固定観念を打破する

「あー疲れた」

「あー、しんど」

セールスパーソンが営業から帰り、会社のデスクの上にドンとカバンを置いて口にします。

こんなセールスパーソンの姿が会社にないでしょうか？

あなた自身が今までにそのようなことはなかったでしょうか？

セールスパーソンといえば、このようなイメージが付きまとうようです。モノを売るのは大変で、辛く、苦しいものというのが、世間一般の抱くイメージです。

また、セールスに対する出版物の内容の中にも「たしかに辛く苦しい職業かもしれないが、それを乗り越えた時に素晴らしい世界がある」とか、「セールスの世界で頑張って、ひたむきに行動すれば、自分の力で地位と収入を獲得できる」と書いてあったりします。

どうもスタートは「辛く苦しい」「とにかく行動」みたいなイメージが付きまとい、営業・販売という職業が揶揄《やゆ》されます。

同様に、有名出版社が大学生に対して、将来就きたくない職業調査を行った時の結果を聞いたことがあります。就きたくない職業の第1位は営業とのことです。

上記のような先輩の姿や話、あるいはそのような情報を目にしていたら、そのようになるのは当然です。

たしかに、私自身も当初の12年間は同じようなイメージを持っていました。必死に売り込みを行い、血みどろの戦いの中で、トップになった経験もあります。

ところが、**ゾーン状態での売り方をつかんでから、状況は一変しました。**

モノを売るという行為は辛く苦しいものでなく、楽しく、うれしく、喜びに満ち、おまけに感謝されるものであると理解できたのです。

その境地に立たせてくれるものがゾーン状態で、誰もがたどり着けるものなのです。ですから、モノを売るという仕事に従事しているすべての人は、このゾーンの感覚をつかむべきだと感じています。

あなたの仕事はモノを売ることではない

「モノを売るって、こんなにも、楽しいものだったのか！」

「モノを売るって、こんなに喜ばれるものだったのか！」

「なぜ、これがわからなかったのだろう！」

これが、ゾーン状態でのモノの売り方を発見した時の私の感想です。

ここから、私の毎日がバラ色のような日々に変わりました。

42歳の年齢の私が、スキップをして、仕事に行きたい感覚に変わりました。

そこから20年たった今も感覚は変わりません。

では何が変わったのか？

「モノを売る」という行為に関する感覚が変わったのです。

以前の私は、営業・販売の現場は「戦場」だと思っていました。戦場における戦士のように、敵意を持ったお客様がこちらに目を向けているので、それを圧倒的な説得力でねじ伏せるぐらいに思っていました。

今は、まったく逆です。

営業・販売の現場は「喜びの場」なのです。困っているお客様にやさしく手を差し伸べて、悩みを聞き、一緒に解決する場なのです。

ですから、嫌がられるという意識はまったくなくなったのです。むしろ、喜ばれ、感謝されるのが「売る」という行為なのです。

もし、お客様が嫌がる態度や警戒心や猜疑心を持っているとしたら、セールスパーソンを誤解しているだけです。

それを自分が実感し、実践して10年。世の中に普及して10年。多くのセールスパーソンの賛同をもらっています。

彼らも同じようなことを言ってくれます。その言葉を聞き、自分自身だけでなく、誰もが、ゾーンを体感することによって変われるものだと確信しています。

私の現在の願いは、このモノの売り方を1人でも多くの人に知ってもらうことです。

営業・販売と言えば、モノを売ること。

でも、売れるのは結果なのです。

本当の意味は専門アドバイザーであり、コンサルタントなのです。

モノを売る仕事をしているなら、どんな人であろうと、そのような立ち位置になる必要があるのです。

むしろ、**営業・販売とはお客様に貢献する職業であり、ボランティアぐらいに私は思っています。**

結果として、「売る」「買う」という行為が行われるだけなのです。

そして、お客様と触れ合う最前線で、そのようなセールスが行われた時には、社会が明るくなり、笑顔で満たされ、お互いに感動、感謝に包まれるのです。

ゾーン状態を体感することが会社を喜びの場とし、感動、感謝の場にするのです。

「売れる」とはすべて「その人のお役に立った」ということの結果に過ぎないのです。

「質問すればいい」という間違い

「お時間をいただき、ありがとうございます。ところで私どもの会社についてはご存じですか？」

「社長はなぜこの会社を作られたのですか？」

「会社をどのようにしていきたいとお考えなのですか？」

「今、一番の課題は何ですか？」


このように、セールスパーソンはお客様と面会して、いろいろな質問をします。お互いのことを知る質問。会社への思いを聞く質問。会社の方向性を知る質問。課題を知る質問。

これらの質問によって、お客様を理解し、自分のことも理解してもらい、お互いがわかり合う。そのきっかけが質問です。そして、質問によって、ゾーンに入っていくのです。

私は、2009年に質問型営業の本を出し、それ以来、質問型営業を10年にわたって普及してきました。

この質問型営業の名前は、すでにセールスに携わる人々に多少なりとも知られるようにもなってきました。

特に、この質問型営業を普及する中でも、私は**「モノを売るのは『やり方・方法』なんだ」**と主張してきました。

ですから、「どのような質問であればお客様の意識をこちらに向けさせることができますか?」「どのような質問であればクロージングできますか?」「質問はどのように言えばいいですか?」という質問のやり方・方法も答えてきました。

ただ、間違えてはいけないのは、そうした表面的なテクニック・方法だけではうまくいかないということです。

聞き方を変えることで短期的に効果を発揮し、他のセールスパーソンと差別化することはできるかもしれません。**本当に売れ続けるセールスパーソンになるには、どんな質問をするかよりも、質問する時の気持ち、心の持ち方のほうが重要なのです。**シンプルなルールを忘れてはいけません。

「心は形を作り、形は心を作る」という原則があります。気持ちがあれば、それが行動に出ます。

逆についても言えます。行動すると、あなたの中にその気持ちができるということです。

質問を用いた売り方に例えると、**お客様へお役立ちの気持ちを持てば、質問ができる。**そして、**質問すると、お客様へのお役立ちの気持ちができる**ということです。

私はこの原則に基づいて、まず形の部分である質問型営業の技術・テクニックなどについてもあらゆることを伝えてきました。それは、心の部分の「『モノを売る』とはお役立ちである」ということをわかってもらいたいからです。

ただ、私の話を聞いたセールスパーソンの方々はやはり形式的な技術・テクニックのほうがわかりやすく、マネしやすいということがあったかもしれません。

結果として、「お役立ち」の重要性にたどり着くのに時間がかかる結果になったかもしれません。

今回は、そのお役立ちの気持ちをもっと早くわかってもらうため、「モノを売る」

「意識」と「行動」はどちらが先でも良い

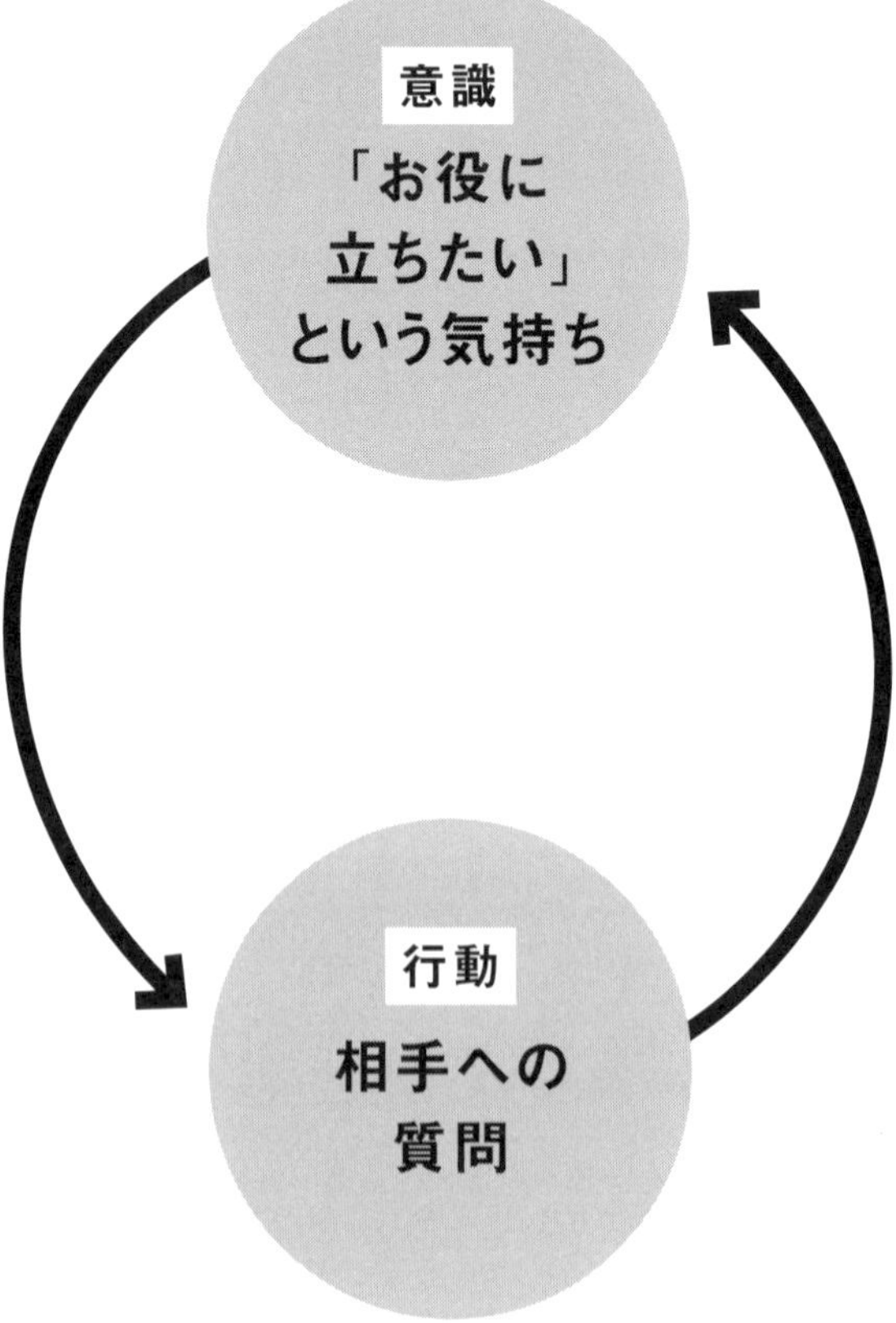

ことの本当の意味を理解してもらうために、あえてこれまで私が繰り返してきた「質問」を中心に据《す》えずに本を書きました。

また、「営業」という言葉も意図的に少なくしました。

これもいわゆる「営業マン」だけではなく、商品・サービスを世の中に提供するすべての人にとって、本書の考え方が重要だと思ったからです。

本質的な部分を言えば、質問型営業とゾーン営業は同じです。

ただ、「ゾーン状態に入る」というシンプルなメソッドで大枠を作って語ることで、セールスシーン以外の日常生活でミニゾーンに入る方法や、アファーメーションなど、従来の質問型営業の書籍では語れない範囲までカバーできました。

質問型営業で目指してもらいたいものは「**質問によってゾーンを作ること**」であり、質問することはゾーンに入るための手段の1つです。

人の話を聞く時に本当に大切なこと

「人の話をしっかり聞きましょう」

「人の話は最後まで聞きましょう」

と言われます。

相手の言っていることを、誤解しないように聞くということでしょう。なんの間違いもないでしょう。特にビジネスでは重要かもしれません。

しかし、20年前から質問型営業や今回のゾーン状態を意識したモノの売り方を実践してきた私にとって、聞くことに対して重要な意味が加わりました。

それは、**「心で聞く」**ということです。

「相手の心情をはかりながら聞く」「相手の気持ちを聞く」ということです。

だからこそ、相手の話を聞く中で、質問をしないといけないこともあるでしょう。

集中して聞かないといけないこともあるでしょう。

これを行うと不思議なことが起こります。

相手との会話が盛り上がるのです。 相手のことがわかり、昔からの親友のようになるのです。楽しく、豊かな気分になるのです。

私たちの求めているものはなんでしょうか？

私は豊かな時間だと思います。

味わいのあるゆったりとした時間、心が解放された時間、何の制約もなく許しあえる時間。そんな時間があれば人生の豊かさを感じるでしょう。

その時間を求めて、人は趣味に講じたり、好きなことを行ったりするのです。そこに友人や仲間、家族がいることもあるでしょう。

これが、仕事でできたらどうでしょうか？

それが、**「ゾーン状態で話を聞く」**ということです。

その人の過去の話をまるで昨日の出来事のように聞き、その出来事を楽しむこと。

それは共有なのです。

その時代に一緒に飛んで行って、再度一緒に味わうのです。

状況を共有し、気持ちもすべて一緒に味わうのです。笑い、楽しみ、悲しみ、涙することもあるでしょう。人生を聞かせてもらい、こちらも人生を語るのです。

その時に、すでにあなたの好きな時間以上に豊かな時間にさえなるのです。


じつは、それを私はこのゾーン状態を意識したモノの売り方で感じてきました。

この手法を実践して以来、お客様とお酒を酌みかわすことが非常に多くなりました。

仕事だけの付き合いで済ませてしまうのがもったいないからです。

もっと一緒にいて、いろいろな話を聞いてみたいと思ったからです。

そんなことから、**お客様との関係も友人のような関係になってきた**のです。

私には仕事を通じてできた多くの友人がいます。

モノを売る仕事に就いてから30年以上ですが、当初から変わりません。この中には、私の先生になっていただいた方もいます。

妻でさえ、直接の私のお客様ではなかったですが、当時の会社のお客様として知り合いました。

友人の数や深さは、本書で伝えたシンプルなルールを実践することから、さらに多くなってきました。

話し合う深さが変わってきたからです。このように考えると私の人生はすべて「セールス」という行為が中心となってできていると言えるでしょう。

それもゾーンが加速してくれたのです。

「ゾーンで話を聞く」ということを実現していただければ、セールスだけでなく、あなたの人生を豊かにしてくれるものと思っています。

ゾーンコミュニケーションは人間関係を豊かにする

私がセールスの仕事をスタートした時には、私の手法は「説得型の売り方」でした。

お客様の意見・考え方を論破して、理詰めで買わせるようなやり方です。

その方法でも多少なりとも売れ、私は当時の会社で役員になることもできました。

ところが、この説得型コミュニケーションは、私の人生のあらゆる場面に顔を出しました。


お客様との関係だけでなく、社内での関係、夫婦関係、子どもとの関係、両親との関係などで、私は知らず知らずに説得傾向にあり、自分の意見を押し付けることとなっていたのです。


当然、行き違いが生じます。

ひどい場合はケンカにもなります。

その中で感じていたのが孤独でした。

仕事がうまく行かずに、事務所を引きはらうことになった時、たった1人で片付けをしている時の寂しさを今でも思い出します。「俺は何を今までやってきたのだろうか」と考えたら、思わず涙も出てきました。

そして、再出発。

自宅のマンションの一室からです。

後ろには小学生になったばかりの息子と娘の机があり、そこで2人は勉強しています。そんなところで私は、アポを取ったり、お客様と電話越しに話をしていました。

もちろん、息子と娘には、「お父さん、電話するから、黙っておいてや」と言って、電話先の相手と商談やコーチングをしていたのです。

でも、自分の中に寂しさ、情けなさ、哀れさなどの感情はまったくありませんでした。それよりもむしろ豊かさがありました。

その頃には、私の中でゾーン状態での手法が開発され、お客様との関係が今まで以上につながっていました。

そして、家族へ自分の意見を押し付けるようなこともなくなり、相手の話を聞けるようにもなってきました。

今のお客様が喜んでくれていることがうれしかったのです。それさえあれば、自然に将来は展開していけるはずだという予感があったのです。

私があなたにゾーン状態を体験していただきたいのは、単に売上を伸ばすためだけではないのです。

ゾーン状態でモノを売ることの喜びを実感することで、あなたのコミュニケーションの基本的な姿勢が変わり、仕事のみならず、すべての人間関係が変わります。

なぜかというと、ゾーン状態に入ることで相手に共感し、相手のことを自分ごととして捉えてコミュニケーションできるようになるからです。

あなたの人生を豊かに、充実した、喜び、潤いのある人生にしてくれるのです！

営業マンをやめよう

最後に、この本を読んでいただいたセールスパーソンにぜひ手に入れていただきたいことがあります。

それが、**セールスにおける「専門アドバイザー」「専門コンサルタント」の地位**です！

就職する際においても「仕事がないので営業・販売でもしようか」「営業・販売の仕事はたくさん残っているけどな」という会話がなされます。「営業・販売しか」「営業・販売でも」という言葉を私は悔しく思います。

私は、仕事で最初から「営業」を志しました。「営業で」「営業こそが」チャンスだと思ったからです。

私が会社から認められ、成り上がるためには、その成果が認められる職業が一番だと思っていました。

ゆくゆくは会社の中枢である経営や企画などに携わる仕事に就きたいとは思ってい

ましたが、営業で現場を知って、お客様を知らなければ、何もできないのです。

最前線でお客様の意見をダイレクトに聞けるポジションは営業しかないと思っていました。

ところが、世間一般では、営業は「モノを売る」仕事として、ネガティブな評価ばかりだったのです。

また、お客様にとってもセールスパーソンというと、職業の中でも良くないイメージを持っておられる方が多いのです。

「営業マンお断り！」という紙が会社や自宅の前に貼ってあるのを見ると、情けなくなります。

ちなみに、セールスパーソンとしての私がこういう貼り紙のある会社や家でどう行動するのかというと、その言葉を無視して訪問します。

私は自分のことを「営業マン」だとは思っていないからです。

私は「専門アドバイザー」「専門コンサルタント」なのです。そうやって堂々と入っていけばいいのです。

営業マン、セールスパーソン自身が、自分の職業を卑下《ひげ》していることもたくさんあります。

こういう人は、商品・サービスという物を売っており、お客様にその価値や喜び、利益を売っていないのです。

私の望みは、すべてのセールスパーソンに、「専門アドバイザー」「専門コンサルタント」になってもらうことです。

堂々と胸を張って、会社を訪問し、相手先のお客様に感謝してもらえる。そんなセールスパーソンになってもらいたいのです。

幸い私の息子、娘も現在成人して、営業職についています。

もし、私の姿が情けなかったとしたら、そのようにはならなかったでしょう。

私が子どもたちと机を並べて仕事している時の姿を見て、何かを感じてくれたのでしょう。

どうか、堂々と子どもたちに誇りを持って言えるようになってほしいのです。

「お父さんの仕事って何？」

「お父さんの仕事は営業だよ」

「ふうーん。営業ってどんな仕事？」

「この仕事はお客様に専門的なアドバイスをしたり、コンサルティングをしたりする重要な仕事なんだよ。いわば、会社の発展の鍵を握っている重要なポジションなんだ」

「そうなんだ。よし、僕もお父さんのような営業の仕事をするね！」

「そうか、じゃ、頑張れ！」

「うん！」

第八章のまとめ

- ゾーン状態でモノが売れるようになると、お客様に感謝されることが増え、営業・販売という仕事に対するネガティブなイメージを払拭できる
- 「モノを売る」のはお客様の課題を解決する行為であり、商品・サービスが売れるのは結果でしかない
- 質問をするのは「お客様のお役に立ちたい」という感情を芽生えさせるための重要な手段である
- 相手の話を親身になって聞くことが癖になると、あらゆる人間関係が豊かになる
- すべてのセールスパーソンはモノを売る「営業マン」ではなく、お客様の課題を解決する「専門アドバイザー」「専門コンサルタント」として働くべきだ

あとがき

1件目。

「もしもし、○○出版社ですか？　私、株式会社リアライズの青木と申します。質問型営業という本を今までに13冊出し、国内で15万部売れているんです。他、中国を含め4か国でも翻訳もされています。今回、本にしたい企画書がありまして、編集の方……」

「あ～っ、新規の方はお断わりしています」

「ガチャ…プッ…プッ……」

気を取り直して、2件目。

「電話での問い合わせはご遠慮ください」

「ガチャ…プッ…プッ……」

3件目はもっとひどい。

「お断りします」

「ガチャ…プッ…プッ……」


そして、4件目。

「わかりました。少々お待ちください」

と言って出てきてくれたのが、きずな出版の編集部の澤さんです。

「ありがとうございます。私……」

「そうしましたら、一度その企画書をメールで送っていただけますか？」

「ありがとうございます。さっそくお送りします」

と言って、今回、この本の編集をしてくれた澤さんと関係がつながりました。

そのあと、この企画について、具体的に聞きたいということでお会いしたのです。

その時の企画書名は「湧きあがる力」でした。その企画の中の「湧きあがる力で、誰もがゾーンに入っていける！」というタイトルを見て、

「青木さん、この『ゾーン』をメインの内容にしませんか？」

と言われ、「なるほど、ゾーンですか？」。２人の意見がまとまり、本書が誕生したのでした。

これは、私が質問型営業をスタートさせてから、書きたいと思っていた企画でした。私が思い続け10年の歳月が経ちました。それがついに本になりました。改めて、きずな出版の澤さんにはこの場をお借りしてお礼を申し上げたいと思います。

そして、この機会を作ってくれたのが、まぎれもなく私の「売る力」でした。本の出版でさえ、このような新規営業のような形でも、私の教えている「売り方」をいまだに使います。

もちろん、今の出版の状況を考えれば、出版するための他の方法はあります。しかし、「自分の思い通りの本を書きたい」「自分の思いをわかってくれる人と組んで本を出したい」と考えた時に、私は、新聞の出版宣伝の広告欄にある出版社名を数社書き出し、自らが電話する方法を選んだのです。

このような「思い」と「売り方」を持って、この本を世に送り出せたことを非常にうれしく思います。

私のこれまでの実践経験からできあがったこの本で、あなたが学んでいただけることを、つくづく私はうれしく思います。

1人でも多くの人がゾーン状態を体感し、「モノを売る」という行為を通して、世の中がますます豊かで、喜びに満ちた世界になることを願っています！

2019年吉日　株式会社リアライズ　代表取締役　青木　毅

PROFILE

青木毅

（あおき・たけし）


1955年生まれ。大阪工業大学卒業後、飲食業・サービス業を経験し、米国人材教育会社代理店入社。88年、セールスマン1000名以上の中で5年間の累積業績1位の実績をあげる。97年に質問型営業を開発。98年には個人・代理店実績全国1位となり、世界48カ国の代理店2500社の中で世界大賞を獲得。

株式会社リアライズを設立後、質問型セルフマネジメントを開発し、大阪府や大阪府警、東京都などの自治体へ質問型コミュニケーションを指導する。2008年に質問型営業のコンサルタントを開始し、大手カーディーラー、ハウスメーカー、保険会社などへの研修、講演などを通じて累計3万人以上を指導してきた。また、質問型営業について教えるポッドキャストの番組「青木毅の『質問型営業』」は1万人以上に視聴されている。

著書に『「3つの言葉」だけで売上が伸びる質問型営業』『3か月でトップセールスになる 質問型営業最強フレーズ50』（ともにダイヤモンド社）、『なぜ、相手の話を「聞く」だけで営業がうまくいくのか？』（サンマーク出版）などがある。

ブックデザイン　金井久幸［TwoThree］
校正　鷗来堂

世界一シンプルなモノの売り方

2019年9月1日　第1刷発行

著者　青木毅
発行人　櫻井秀勲
発行所　きずな出版
東京都新宿区白銀町1-13　〒162-0816
電話03-3260-0391　振替00160-2-633551
http://www.kizuna-pub.jp
印刷・製本　モリモト印刷

ISBN978-4-86663-085-4

＼＼いますぐ手に入る！／／

『世界一シンプルなモノの売り方』
読者限定プレゼント

PDF

セールスパースン向けの最強のアファーメーション！！

本書で紹介した、青木毅先生がセールスパーソンにお勧めの「最強のアファーメーション」を全文 PDF ファイルにてプレゼントします。
プリントアウトして持ち運んだり、データをスマホに入れて朗読してください。100 日分のカウンターもつけたので、あなたの習慣にしましょう！

無料プレゼントは
こちらにアクセスして入手してください！

http://www.kizuna-pub.jp/simplestsales_gift/

※PDF ファイルは WEB 上で公開するものであり、冊子等をお送りするものではございません。あらかじめご了承ください。